W0364613

Süßkartoffel

SONJA SCHUBERT · BARBARA LUTTERBECK

Süß-kartoffel

Aromatisch, vielseitig, trendig
50 raffinierte Rezepte

EDITION STYRIA

Sonja Schubert arbeitet als selbständige Rezeptautorin und Foodstylistin in Köln. Sie zeichnet für eine Vielzahl von Kochbüchern verantwortlich.

Barbara Lutterbeck ist auf Food- und Still-Life-Fotografie spezialisiert. Sie hat bislang mehr als 30 Kochbücher fotografisch gestaltet. Die Fotografin ist Inhaberin eines Fotostudios in Köln und arbeitet für internationale Auftraggeber aus der Industrie sowie Buch- und Zeitschriftenverlage.

Copyright © 2010 by Edition Styria
in der Verlagsgruppe Styria GmbH & Co KG
Wien · Graz · Klagenfurt
www.ichlese.de

Alle Rechte der Verbreitung, auch durch Film, Funk und Fernsehen, fotomechanische Wiedergabe, Tonträger jeder Art, auszugsweisen Nachdruck oder Einspeicherung und Rückgewinnung in Informationssystemen aller Art, sind vorbehalten.

Visuelle Gesamtkonzeption: www.buero-jorge-schmidt.de
Satz: BUCHFLINK Rüdiger Wagner, Nördlingen
Printed in Austria
ISBN 978-3-99011-021-8

Inhalt

Gestatten: Ipomoea batatas

Batate, Kumara, Camote – für Sie auch einfach Süßkartoffel. Bestimmt haben Sie mich schon einmal gesehen, beim Einkaufen, ganz hinten im Regal zwischen den alten Kartoffeln. Vielleicht bin ich Ihnen nicht aufgefallen, denn eine Schönheit bin ich nicht. Mein Körper ist spindelförmig-langgestreckt oder knollenförmig-rundlich-dick, manchmal auch unförmig und verknorpelt. Die Schale, purpurrot oder hellbraun, wirkt meist ein wenig schmuddelig und schrumplig. So werde ich oft liegen gelassen – dabei hätte ich Ihnen so viel zu bieten …

Aus Mittelamerika kommend, wurde ich von den Hochkulturen Lateinamerikas einst sehr geschätzt, hatte bei Mayas, Inkas und Azteken meinen festen Platz auf dem täglichen Speiseplan und verbreitete mich rasch auf dem ganzen Kontinent. Ich schipperte durch den Pazifik und gelangte so nach Asien, Indien und Afrika. Auch Europa wollte ich bereisen, kam bis Portugal und Spanien, dann wurde es mir zu kalt. Dabei bin ich eigentlich eine anspruchslose Pflanze und gedeihe durchaus auch auf kargem Boden.

Mit meinem Namensvetter, der Kartoffel, bin ich nicht verwandt. Ich bin zwar auch eine Nachtschattenartige (Solanales), gehöre aber zur Familie der Windengewächse (Convolvulaceae), Prunkwinden (Ipomoea), um genau zu sein. Nicht nur meine unterirdisch wachsenden knollenbildenden Speichwurzeln sind essbar, auch meine auf dem Boden kriechenden Triebe und Blätter; in Afrika kocht man daraus eine Art Spinat. In allen

tropischen Regionen der Welt werde ich bis heute angebaut, rangiere in der Weltproduktion der Wurzel- und Knollennahrungspflanzen auf Platz drei, gleich hinter Kartoffeln und Maniok. Der größte Teil der Ernte wird leider den Tieren ins Futter gemischt oder zu Stärkemehl verarbeitet.
Nur in den ärmeren Regionen der Erde weiß man meine inneren Werte zu schätzen, dort komme ich regelmäßig in die Töpfe und auf den Tisch. Mein süßes Fleisch, mal cremefarben, orange oder violett, ist prall gefüllt mit Nährstoffen, Spurenelementen, Mineralstoffen und Vitaminen, besonders Kalium, Vitamin C und Betacarotin. Meine gut verwertbaren Kohlenhydrate werden von Leistungssportlern schon lange geschätzt – das alles bei 111 kcal / 100 g. Doch ich will Sie nicht langweilen, interessiert Sie doch vor allem mein Geschmack. Der ist mal süßlich-möhrenartig, kürbisähnlich-nussig oder maronenartig, je nachdem, wie man mich kocht.

Auf einem Bett aus Meersalz gebacken, mit einem Stück Butter gekrönt, bin ich schnell zubereitet und schon pur ein Genuss – das können Sie ganz leicht ausprobieren, oder Sie gehen in eines der Gourmetrestaurants; dort findet man mich immer häufiger auf der Speisekarte. Und wenn Sie dann auf den Geschmack gekommen sind und in diesem Buch gestöbert haben, werden Sie bald selber sehen, wie vielseitig ich wirklich bin. Probieren Sie mich einfach, ganz gleich, ob als exotische Suppe, als farbenfroher Salat, trendiger Snack, abwechslungsreiches Hauptgericht, raffinierte Beilage oder natürlich – da ist der Name Pflicht – als herrlich süßer Kuchen und himmlisches Dessert.
Sie wissen ja, wo Sie mich finden …
Guten Appetit!

Blanchieren, Backen, Pürieren
Zum Umgang mit der süßen Knolle

Der Zuckergehalt von Süßkartoffeln ist abhängig vom Klima, in dem sie wachsen – je wärmer, desto süßer. Bei uns im Handel sind meist orangefleischige Knollen, sie sind am aromatischsten; cremefarbene schmecken milder und eignen sich besonders für Desserts. Violettfleischige Kartoffeln sind vor allem optisch ausgesprochen reizvoll.

Süßkartoffeln lassen sich auf vielfältige Art zubereiten, dabei entwickeln sie ganz unterschiedliche Geschmacksnuancen.

Gekochte Süßkartoffeln schmecken süßlich-frisch, ähnlich wie Möhren. Die Zubereitung ist hier wie bei Kartoffeln. Sie können gekocht pur mit Butter und Salz gegessen werden, eignen sich aber vor allem für Suppen, Eintopfgerichte, Salate und Pürees.

Gebackene Süßkartoffeln haben einen intensiven Geschmack. In Stücken auf dem Blech oder in Folie gebacken, erinnert ihr süßlich-nussiges Aroma an Kürbis, ganz in der Schale gebacken fast an Maroni. Man kann sie auch geschält mit etwas Öl einreiben, mit Knoblauch spicken, fest in Folie packen und backen. Ofenkartoffeln schmecken pur und sind als Püree Grundlage für weitere Gerichte.

Püree ist eine leckere Beilage, raffinierte Füllung und Basis für viele Gerichte. Auch hier geht man wie bei Kartoffeln vor.

Für Bratkartoffeln eignen sich Süßkartoffeln aufgrund des hohen Wassergehalts nur, wenn man die Scheiben vorher blanchiert. Puffer aber, aus geraspelten, gut ausgedrückten Süßkartoffeln, mit Ei, Speisestärke und Gewürzen gemischt, gelingen gut.

Knusprig frittiert sind Süßkartoffeln – als Pommes, Chips oder Strohkartoffeln – eine dekorative Beilage und mit einem würzigen Dip ein leckerer Snack. Vor dem Frittieren muss man die Kartoffeln gut trocken tupfen, damit das heiße Fett beim Frittieren nicht spritzt oder verwässert (Brandgefahr). Das Fett sollte eine Temperatur von 180 °C haben: Die ist erreicht, wenn ein Brotwürfelchen im Fett in einer Minute goldbraun wird. Immer nur kleine Portionen ins Fett geben, damit es nicht zu schnell abkühlt. Fertige Pommes, Chips & Co. auf Küchenpapier abtropfen lassen.

Die Garzeiten in den Rezepten können nur Richtwerte sein, da sie je nach Wassergehalt und Größe der Knolle schwanken. Wir empfehlen, gegen Ende der angegebenen Zeiten mit einer Gabel eine Garprobe zu machen.

Auch beim Umgang mit Gewürzen ist Ihr eigener Geschmack gefragt. Geben Sie erst einmal nur die Hälfte der Gewürze dazu. Würzen Sie lieber nach. Sie wissen ja, Gewürze sollen Gerichte nur verfeinern.

Vorneweg & zwischendurch

Süßkartoffel-Erdnuss-Suppe

Kochbananen gehören neben Süßkartoffeln, Maniok und Yams zu den Grundnahrungsmitteln der westafrikanischen Küche. Goldbraun frittiert, sind sie nicht nur ein leckerer Snack, sondern auch ein raffiniertes Topping für Suppen und Salate.

Für 4 Portionen

- 400 g Süßkartoffeln
- 1 große Zwiebel
- 1 Stück Ingwer, 2 cm
- 1 große rote Chilischote
- 100 g geröstete, ungesalzene Erdnüsse
- 2 EL neutrales Öl
- 2 EL Tomatenmark
- 750 ml Geflügelfond
- 2 Tomaten
- 1 Kochbanane
- Öl zum Frittieren
- Salz, Cayennepfeffer, Zucker

1. Süßkartoffeln schälen und würfeln. Zwiebel abziehen und würfeln. Ingwer schälen und fein würfeln. Chilischote waschen, entkernen und in Streifen schneiden. 100 g Erdnüsse im Mörser zu einer feinen Paste zerreiben.

2. Kartoffeln, Zwiebel, Ingwer und Chili in 2 EL Öl anbraten, Tomatenmark zugeben und kurz mitbraten. Fond angießen, Erdnusspaste einrühren und alles bei mittlerer Hitze etwa 20 Minuten leise kochen lassen.

3. Tomaten kreuzweise einritzen, mit heißem Wasser überbrühen, abschrecken, abziehen und vierteln, Stielansätze und Kerne entfernen. Tomaten in feine Streifen schneiden. Kochbanane schälen und in hauchdünne Scheiben schneiden. Bananenscheiben in heißem Öl portionsweise frittieren und auf Küchenpapier abtropfen lassen.

4. Die Suppe pürieren und durch ein Sieb passieren, mit Salz, Cayennepfeffer und Zucker abschmecken. Tomatenstreifen in der Suppe erwärmen. Suppe in tiefe Teller verteilen und die Bananenchips darauf anrichten.

Süßkartoffel-Apfel-Suppe

Chorizo, die wohl bekannteste Wurstspezialität Spaniens, erhält durch geräuchertes Paprikapulver, das Pimentón de la Vera, und Knoblauch ihren pikanten Geschmack und die typische Farbe. In Cidró geschmort, ist Chorizo ein beliebtes Tapa, kross gebraten sind die Salamischeiben ein schöner Kontrast in der cremigen Süßkartoffel-Apfel-Suppe.

Für 4 Portionen

400 g Süßkartoffeln
1 Apfel, süßsauer
4 Schalotten
2 EL Olivenöl
100 ml Cidre
500 ml Gemüsefond
200 g Sahne
3 Zweige Majoran
125 g Chorizo
2 TL Zitronensaft
Salz, Pfeffer
Muskatnuss

1. Süßkartoffeln schälen und würfeln. Apfel schälen, das Kerngehäuse entfernen und das Fruchtfleisch klein schneiden. Schalotten abziehen, fein würfeln und in 2 EL Öl glasig anschwitzen. Kartoffeln und Äpfel zugeben und 2 Minuten mitdünsten, den Cidre dazugießen. Wenn die Flüssigkeit fast verdampft ist, Fond und Sahne angießen, 2 Zweige Majoran zugeben und alles bei mittlerer Hitze 20 Minuten leise kochen lassen.

2. Chorizo in 5 mm feine Scheiben schneiden und in einer Pfanne ohne Öl knusprig auslassen.

3. Die Suppe pürieren und durch ein Sieb passieren, mit Zitronensaft, Salz, Pfeffer und Muskat würzen. Suppe in tiefe Teller verteilen, Chorizo darauf anrichten und mit den Blättchen des übrigen Majoranzweiges garnieren.

Süßkartoffelsüppchen mit Kokosschaum

Ingwer und Zitronengras würzen den Kokosschaum – so ist das Süßkartoffelsüppchen der perfekte Auftakt zu einem asiatischen Menü und ein „Gute-Laune-Gericht“ für verregnete Tage.

Für 4 Portionen

500 g Süßkartoffeln	2 Stängel Zitronengras
1 Stück Ingwer, 3 cm	150 ml Kokosmilch
4 Schalotten	Saft einer ½ Limette
20 g Butter	Salz
750 ml Geflügelfond	Cayennepfeffer

1. Süßkartoffeln schälen und in Stücke schneiden. 2 cm Ingwer schälen und fein reiben. Schalotten abziehen, fein würfeln und mit dem Ingwer in 20 g Butter anschwitzen. Die Kartoffelstücke zugeben und 2 Minuten mitbraten. Fond angießen. Alles bei mittlerer Hitze 20 Minuten kochen lassen.

2. Zugleich das Zitronengras in Stücke schneiden und leicht andrücken. Restlichen Ingwer schälen und in Scheiben schneiden. Zitronengras und Ingwer in der Kokosmilch aufkochen und 20 Minuten darin ziehen lassen, herausnehmen. Kokosmilch aufschäumen.

3. Die Suppe pürieren, durch ein Sieb passieren und mit Limettensaft, Salz und Cayennepfeffer würzen. Suppe in Gläser füllen, je 2 EL Kokosschaum darauf verteilen (diesen zwischendurch immer wieder aufschäumen).

Marinierte Süßkartoffeln

Zimt, Kreuzkümmel und Minze – eine klassische Gewürzkombination der marokkanischen Küche, die perfekt zum süßlich–nussigen Aroma der Süßkartoffeln passt. Die marinierten Süßkartoffeln bereichern jede orientalische Vorspeisenplatte und sind eine raffinierte Beilage zu kurzgebratenem Lammfleisch.

Für 4 Portionen

- 500 g Süßkartoffeln
- 2 Knoblauchzehen
- 2 EL Rosinen
- 4 EL Olivenöl
- 1 EL Honig
- Saft einer Zitrone
- ½ TL Zimt
- 1 TL Kreuzkümmel
- 2 EL Mandelstifte
- 3 Zweige glatte Petersilie
- 3 Zweige Minze
- Salz, Cayennepfeffer

1. Süßkartoffeln schälen, längs halbieren und in 5 mm dicke Scheiben schneiden. Knoblauch abziehen, in feine Scheiben schneiden. Rosinen in 50 ml heißem Wasser einweichen.

2. Knoblauch in 2 EL Olivenöl glasig anschwitzen, Kartoffeln zugeben und 2 Minuten mitbraten. Honig, Zimt, Kreuzkümmel, Zitronensaft und die Rosinen mit dem Einweichwasser zugeben und alles 15–20 Minuten garen, bis die Kartoffeln gar, aber noch bissfest sind. Zugedeckt abkühlen lassen.

3. Mandelstifte in einer Pfanne ohne Fett goldbraun rösten. Minze und Petersilie waschen, trocken schütteln, fein hacken und mit dem restlichen Olivenöl unter die Kartoffeln mischen, mit Salz und Cayennepfeffer würzen. Das Gericht auf einer Platte anrichten und mit den Mandelstiften garnieren.

Süßkartoffel-Carpaccio mit Ceviche

Ceviche und Süßkartoffeln – diese Kombination stammt ursprünglich aus Peru. Mittlerweile ist das leichte Gericht in unzähligen Variationen ein Klassiker der lateinamerikanischen Küche. Für die Zubereitung wird ganz frischer roher Fisch in Zitrussaft mariniert. Durch die Säure verändert sich die Eiweißstruktur, der Fisch wird sozusagen „gegart". Das Süßkartoffel-Carpaccio ist eine erfrischende Vorspeise und schmeckt solo, als Lunch, an heißen Sommertagen.

Für 4 Portionen

400 g Süßkartoffeln
2 unbehandelte Limetten
½ TL Zucker
Salz, Pfeffer
3 EL Olivenöl
250 g Kabeljaufilet (Sushi-Qualität)
50 g Schalotten
1 große rote Chilischote
100 g Honigmelone
½ Bund Koriander

1. Süßkartoffeln in einen Topf geben, knapp mit Wasser bedecken und zugedeckt in 20–30 Minuten weich kochen. Abkühlen lassen.

2. Limetten heiß abspülen, die Schale einer Limette fein abreiben und beide Limetten auspressen. 2 EL Limettensaft mit Zucker, Pfeffer, Salz und Olivenöl verrühren, bis ein cremiges Dressing entstanden ist.

3. Fisch in 1x1 cm große Würfel schneiden. Schalotten abziehen und in feine Ringe schneiden. Chilischote waschen, entkernen und fein würfeln. Fischwürfel, Limettenschale, Schalotten und Chili in einer Schüssel mischen, mit Salz und Pfeffer würzen, den restlichen Limettensaft zugeben und den Fisch zugedeckt für 1 Stunde in den Kühlschrank stellen.

4. Melone schälen und in kleine Würfel schneiden. Koriander abspülen, trocken schütteln und die Blätter abzupfen. Gekochte Süßkartoffeln schälen, in 3 mm dünne Scheiben schneiden und auf 4 Teller verteilen, mit Dressing beträufeln. Fisch in einem Sieb abtropfen lassen, mit Melonenwürfeln und Koriander mischen. Das Ceviche auf den Kartoffelscheiben anrichten.

Exotischer Süßkartoffelsalat

Dieser fruchtig-scharfe Salat ist eine Bereicherung für jeden sommerlichen Grillabend, denn er passt perfekt zu würzig marinierten Spießchen aus Fleisch, Geflügel, Fisch oder Garnelen.

Für 4 Portionen

- 500 g Süßkartoffeln
- Salz
- 1 Mango
- 4 Frühlingszwiebeln
- 2 Stangen Sellerie
- Saft einer Limette
- 2 EL süße Chilisauce
- 2 EL Sonnenblumenöl
- 1 EL Sesamöl
- Cayennepfeffer
- Zucker
- einige Blättchen Koriander

1. Kartoffeln in 2 cm große Würfel schneiden, in kochendem Salzwasser 5 Minuten blanchieren, abgießen und kalt abspülen.

2. Mango schälen, das Fruchtfleisch vom Kern schneiden und würfeln. Frühlingszwiebeln und Sellerie putzen und in hauchdünne Scheiben schneiden.

3. Limettensaft, Chilisauce, Sonnenblumenöl und Sesamöl verrühren, mit Salz, Cayennepfeffer und Zucker abschmecken.

4. Kartoffelwürfel, Mango, Frühlingszwiebeln und Sellerie in einer Schüssel mit dem Dressing mischen und mit Korianderblättchen garnieren.

Süßkartoffel-Spinat-Salat

Zarter Spinat und hauchdünne Kartoffelscheiben machen diesen Salat optisch besonders reizvoll. Mit seinem mediterranen Dressing passt der Süßkartoffel-Spinat-Salat hervorragend zu gegrillten Lammkoteletts.

Für 4 Portionen

- 400 g Süßkartoffeln
- Salz
- 1 Avocado
- 1 EL Zitronensaft
- 200 g junger Spinat
- 6 getrocknete Tomaten
- 3 Schalotten
- 1–2 Knoblauchzehen
- 4 EL Olivenöl
- 3 EL Aceto Balsamico
- 1 Zweig Rosmarin
- Pfeffer
- 3 EL Pinienkerne

1. Kartoffeln schälen und in hauchdünne Scheiben hobeln. In kochendem Salzwasser 1 Minute blanchieren. Abgießen, mit kaltem Wasser abspülen und gut abtropfen lassen. Avocado halbieren, vom Stein lösen, schälen und würfeln, sofort mit 1 EL Zitronensaft beträufeln. Spinat verlesen, waschen und trocken schütteln, harte Stiele entfernen.

2. Getrocknete Tomaten in schmale Streifen scheiden und in 50 ml kochendem Wasser einweichen. Schalotten und Knoblauch abziehen, fein würfeln und in 2 EL Olivenöl glasig anschwitzen, mit Essig ablöschen. Tomatenstreifen mit Einweichwasser und den Rosmarinzweig zugeben und alles 5 Minuten einkochen lassen. Abkühlen lassen, den Rosmarinzweig entfernen. Den Sud und das restliche Öl zu einem Dressing verrühren, mit Salz und Pfeffer würzen.

3. Pinienkerne in einer Pfanne ohne Fett goldbraun rösten. Kartoffelscheiben, Avocadowürfel und Spinat in einer großen Schüssel mit dem Dressing mischen, auf Teller verteilen und mit den gerösteten Pinienkernen bestreuen.

Lauwarmer Linsensalat

Die kleinen schwarzen Linsen mit ihrem leichten Glanz werden auch Kaviar- oder Beluga-Linsen genannt und eignen sich besonders gut für Salate. Beim Kochen entwickeln die Gourmet-Linsen ein feinwürziges nussiges Aroma, bleiben bissfest und werden nicht mehlig.

Für 4 Portionen

150 g schwarze Linsen
1–2 EL weißer Aceto Balsamico
2 TL Senf
Saft einer Orange
1 EL Walnussöl
4 EL Olivenöl
Salz, Pfeffer
1 mittelgroße Süßkartoffel (300 g)
1 Stück Ingwer, 2 cm
2 Schalotten
100 ml Gemüsefond
150 g Friséesalat
8 kleine Ziegenfrischkäse à 20g
2 EL brauner Zucker

1. Linsen in kochendem Wasser ohne Salz in 20–30 Minuten bissfest garen, abgießen und abtropfen lassen.

2. Essig, Senf, die Hälfte des Orangensafts, Walnussöl und 3 EL Olivenöl zu einem cremigen Dressing verrühren. Mit Salz und Pfeffer abschmecken.

3. Süßkartoffel schälen und in 1 cm große Würfel schneiden. Ingwer schälen und fein reiben. Schalotten abziehen, fein würfeln und in 1 EL Olivenöl glasig anschwitzen. Süßkartoffeln und Ingwer zugeben und 2 Minuten mitbraten. Restlichen Orangensaft und Fond angießen und alles 10–15 Minuten bei mittlerer Hitze kochen lassen, bis die Kartoffeln bissfest sind und die Flüssigkeit fast verdampft ist. Linsen und die Hälfte des Dressings zu den Kartoffeln geben und alles gut miteinander mischen. Mit Salz, Pfeffer und etwas Essig würzen.

4. Friséesalat waschen, trocken schütteln und in mundgerechte Stücke zupfen. Salat auf 4 Teller verteilen, mit dem restlichen Dressing beträufeln und den Linsensalat darauf anrichten.

5. Ziegenkäsetaler mit etwas braunem Zucker bestreuen und den Zucker mit einem Gasbrenner karamellisieren. Auf dem Salat anrichten.

Süßkartoffel-Pommes mit Limettenmayonnaise

Goma Shio heißt die schlichte Mischung aus Sesam und Salz, mit der in Japan Reis und Gemüse gewürzt werden. Das nussige Aroma passt perfekt zu den Süßkartoffel-Pommes, mit der Limettenmayonnaise wird daraus ein raffinierter Snack.

Für 4 Portionen

800 g Süßkartoffeln
1 EL weißer Sesam
½ EL grobes Meersalz
1 unbehandelte Limette
½ TL Senf
2 Eigelb
200 ml Sonnenblumenöl
Salz, Pfeffer
2 Frühlingszwiebeln
Öl zum Frittieren

1. Süßkartoffeln schälen und in 1 x 1 cm dicke Stäbchen schneiden.

2. Sesam in einer Pfanne goldbraun rösten, abkühlen lassen und zusammen mit dem Meersalz im Mörser grob zerstoßen.

3. Limette heiß abspülen, 2 TL Schale abreiben und den Saft auspressen. Limettensaft und -schale, Senf, Eigelbe und 200 ml Öl in ein schmales, hohes Rührgefäß geben und mit dem Pürierstab zu einer Mayonnaise aufschlagen. (Damit die Mayonnaise nicht gerinnt, müssen alle Zutaten dieselbe Temperatur haben.) Mit Salz und Pfeffer würzen. Frühlingszwiebeln putzen, fein hacken und unter die Mayonnaise heben.

4. Öl in einer Fritteuse oder einem breiten Topf auf 170 °C erhitzen, die Kartoffelstäbchen darin portionsweise in 3 Minuten frittieren, herausheben und abtropfen lassen. Öl auf 190 °C erhitzen und die vorfrittierten Kartoffeln portionsweise in 2–3 Minuten knusprig ausbacken. Auf Küchenpapier abtropfen lassen. Die Pommes mit Sesamsalz bestreuen und mit der Limettenmayonnaise servieren.

Süßkartoffelrösti mit Kokos-Minze-Tatar

Kartoffelpuffer, Reibekuchen oder Rösti – die Spezialität aus roh geriebenen, kross ausgebackenen Kartoffeln hat viele Namen. Das frische Kokos-Minze-Tatar verleiht den Süßkartoffelrösti eine Extraportion exotischer Raffinesse. Mit geräuchertem oder mariniertem Fisch wird daraus schnell ein kleines Gericht.

Ergibt 10–12 Stück

600 g Süßkartoffeln
4 Frühlingszwiebeln
1 EL Sonnenblumenöl
1 Ei
2–3 EL Speisestärke
2 getrocknete rote Chilischote
Salz
neutrales Öl zum Braten
100 g frische Kokosnuss
2 Zweige Minze
200 g Joghurt, 10 % Fett
1 EL Limettensaft
Zucker
Cayennepfeffer

1. Süßkartoffeln schälen. Auf einer Küchenreibe grob raspeln und gut ausdrücken. Frühlingszwiebeln putzen und in feine Ringe schneiden, in 1 EL Öl glasig anschwitzen und abkühlen lassen. Ei mit Speisestärke, zerbröselten Chilis und Salz verrühren, Süßkartoffeln und Frühlingszwiebeln unterheben.

2. Öl in einer Pfanne erhitzen. Aus dem Teig portionsweise 10–12 Puffer goldbraun ausbacken, auf Küchenpapier abtropfen lassen und warm halten.

3. Kokosnuss fein reiben. Minze waschen, trocken schütteln, die Blättchen abzupfen und fein hacken. Joghurt mit Limettensaft cremig rühren, mit Salz, Cayennepfeffer und Zucker würzen. Kokosraspel und Minze unter die Creme heben. Das Kokos-Minze-Tatar zu den Rösti reichen.

Süßkartoffel-Chips mit Guacamole

Guacamole ist ein beliebter Dip aus der mexikanischen Küche, der gerne mit Mais-Chips serviert wird. Die würzige Creme aus dem Fruchtfleisch vollreifer Avocados passt hervorragend zu den knusprigen Süßkartoffel-Chips.

Für 4 Portionen

400 g Süßkartoffeln
Öl zum Frittieren
Salz
1 Knoblauchzehe
4 Zweige Koriander
2 reife Avocados
Saft einer Limette
Cayennepfeffer

1. Süßkartoffeln schälen und auf einer Küchenreibe in 1–2 mm feine Scheiben hobeln. Öl in einem Topf oder in einer Fritteuse auf 180 °C erhitzen. Süßkartoffelscheiben darin portionsweise in 3 Minuten knusprig frittieren. Chips auf Küchenpapier abtropfen lassen, in eine große Schüssel geben und salzen.

2. Knoblauch abziehen und durchpressen. Koriander waschen, trocken schütteln, Blättchen von den Zweigen zupfen und fein hacken. Avocados halbieren und den Stein herauslösen. Das Fruchtfleisch mit einem Löffel herausschaben, sofort mit etwas Limettensaft begießen und mit einer Gabel fein zerdrücken. Die Creme mit Knoblauch, dem restlichen Limettensaft, Salz und Cayennepfeffer würzen. Koriander unterheben und die Guacamole als Dip zu den Chips reichen.

Süßkartoffelchips aus dem Ofen

1. Süßkartoffeln schälen und auf einer Küchenreibe in 1–2 mm feine Scheiben hobeln. Kartoffelscheiben in kochendem Wasser 30 Sekunden blanchieren, abgießen und ausdampfen lassen.

2. Kartoffeln auf ein geöltes Backblech legen, mit Öl bepinseln und im Backofen bei 180 °C (Umluft 160 °C) in 15–20 Minuten knusprig backen. Chips in eine Schüssel füllen und salzen.

Süßkartoffel-Pommes mit Limettenmayonnaise

Goma Shio heißt die schlichte Mischung aus Sesam und Salz, mit der in Japan Reis und Gemüse gewürzt werden. Das nussige Aroma passt perfekt zu den Süßkartoffel-Pommes, mit der Limettenmayonnaise wird daraus ein raffinierter Snack.

Für 4 Portionen

- 800 g Süßkartoffeln
- 1 EL weißer Sesam
- ½ EL grobes Meersalz
- 1 unbehandelte Limette
- ½ TL Senf
- 2 Eigelb
- 200 ml Sonnenblumenöl
- Salz, Pfeffer
- 2 Frühlingszwiebeln
- Öl zum Frittieren

1. Süßkartoffeln schälen und in 1 x 1 cm dicke Stäbchen schneiden.

2. Sesam in einer Pfanne goldbraun rösten, abkühlen lassen und zusammen mit dem Meersalz im Mörser grob zerstoßen.

3. Limette heiß abspülen, 2 TL Schale abreiben und den Saft auspressen. Limettensaft und -schale, Senf, Eigelbe und 200 ml Öl in ein schmales, hohes Rührgefäß geben und mit dem Pürierstab zu einer Mayonnaise aufschlagen. (Damit die Mayonnaise nicht gerinnt, müssen alle Zutaten dieselbe Temperatur haben.) Mit Salz und Pfeffer würzen. Frühlingszwiebeln putzen, fein hacken und unter die Mayonnaise heben.

4. Öl in einer Fritteuse oder einem breiten Topf auf 170 °C erhitzen, die Kartoffelstäbchen darin portionsweise in 3 Minuten frittieren, herausheben und abtropfen lassen. Öl auf 190 °C erhitzen und die vorfrittierten Kartoffeln portionsweise in 2–3 Minuten knusprig ausbacken. Auf Küchenpapier abtropfen lassen. Die Pommes mit Sesamsalz bestreuen und mit der Limettenmayonnaise servieren.

Süßkartoffel-Garnelen-Bällchen

Panko ist ein Paniermehl aus der japanischen Küche und wird aus Weißbrot ohne Rinde hergestellt. Durch die luftige, grobe Struktur bekommen Panaden nach dem Frittieren eine besonders schöne Kruste. Zu den Garnelen-Bällchen schmeckt ein süßscharfer Chilidip aus dem Asialaden.

Für 4 Portionen

1 mittelgroße Süßkartoffel, 350 g
200 g rohe Schwänze von Riesengarnelen (6–8 Stück)
3 Frühlingszwiebeln
1 EL Butter
100 g Panko
1 Eigelb
Salz, Cayennepfeffer
Muskatnuss
1 Ei
3 EL Mehl
süße Chilisauce zum Dippen

1. Süßkartoffeln waschen und im Backofen bei 200 °C (Umluft 180 °C) 50 Minuten garen. Abkühlen lassen, schälen und pürieren.

2. Garnelen schälen, die Därme entfernen. Garnelen kalt abspülen, trocken tupfen und klein hacken. Frühlingszwiebeln putzen, in feine Ringe schneiden und in 1 EL Butter anschwitzen, abkühlen lassen. Kartoffelmasse mit Garnelen, Frühlingszwiebeln, 50 g Panko und Eigelb zu formbarem Teig verarbeiten. Mit Salz, Cayennepfeffer und Muskat würzen.

3. Das Ei verquirlen. Mit feuchten Händen aus der Garnelenmasse 12 Bällchen formen, diese erst in Mehl, dann in Ei und zuletzt im restlichen Panko wenden.

4. Öl in einem Topf (oder in einer Fritteuse) erhitzen und die Bällchen darin in 4–5 Minuten goldbraun ausbacken. Auf Küchenkrepp abtropfen lassen und warm halten, bis alle Bällchen fertig sind. Mit süßer Chilisauce servieren.

Süßkartoffel-Tortilla

Pimentón de la Vera ist eine Spezialität der spanischen Region Extremadura. Das leuchtend rote bis rotbraune Pulver wird aus Gewürzpaprika hergestellt, das über Eichenholz geräuchert wird. So verdankt ihm diese Tortilla nicht nur eine schöne Farbe, sondern auch einen angenehm rauchigen Geschmack.

Für 4 Portionen

- 2 rote Paprikaschoten
- 400 g Süßkartoffeln
- 1 Gemüsezwiebel
- 1 Knoblauchzehe
- 5 EL Olivenöl
- 2 TL Pimentón de la Vera dulce (süß)
- Salz
- 6 Zweige glatte Petersilie
- 6 Eier
- Cayennepfeffer, Muskatnuss

1. Paprikaschoten vierteln, Stielansätze und Kerne entfernen. Paprika auf ein Backblech legen und unter dem Grill im Backofen rösten, bis die Haut schwarz wird und Blasen wirft. Die Paprika mit einem feuchten Küchentuch abdecken und etwas abkühlen lassen, die Haut abziehen und die Früchte in schmale Streifen schneiden.

2. Süßkartoffeln schälen und in 3 mm dünne Scheiben schneiden. Zwiebel abziehen, halbieren und in feine Ringe schneiden. Knoblauch abziehen und in feine Scheiben schneiden. 3 EL Öl in einer Pfanne erhitzen. Kartoffeln unter häufigem Wenden 10 Minuten braten, ohne dass sie Farbe annehmen. Zwiebeln, Knoblauch und Paprikapulver zufügen und alles 5 Minuten weiterbraten, bis die Kartoffeln bissfest sind. Salzen und abkühlen lassen.

3. Petersilie waschen, trocken schütteln und die Blätter fein hacken. Eier in einer großen Schüssel verquirlen, Petersilie zugeben, mit Salz, Cayennepfeffer und Muskat würzen. Paprikastreifen und die abgekühlte Kartoffel-Zwiebel-Mischung zu den Eiern geben und alles gut miteinander vermischen.

4. 2 EL Öl in einer Pfanne erhitzen. Kartoffel-Ei-Mischung hineingeben und bei schwacher Hitze 10 Minuten braten. Tortilla vom Rand lösen, auf einen Teller stürzen und wieder in die Pfanne gleiten lassen, noch 5–10 Minuten weiterbraten.

Süßkartoffel-Quiche mit Ziegenkäse

Mürbeteig ist auf dieser Quiche der Rahmen für Süßkartoffeln, Rosmarin und Ziegenkäse. An einem Sommerabend zusammen mit einem Glas Wein ein Genuss!

Für 4 Portionen

100 g kalte Butter
170 g Crème fraîche
175 g Mehl
25 g Haferkleie
Salz
600 g Süßkartoffeln
½ unbehandelte Zitrone
2 Zweige Rosmarin
2 EL Olivenöl
1 EL Honig
Pfeffer
150 g Ziegenfrischkäse
2 Eier
Muskatnuss
Fett und Mehl für die Form

1. Butter klein würfeln. 1 EL Crème fraîche mit 50 ml Wasser verrühren, beides für 15 Minuten ins Gefrierfach stellen. Mehl, Haferkleie, ¼ TL Salz und die eiskalte Butter mischen und zu einer krümeligen Masse verarbeiten. Die Crème-fraîche-Wasser-Mischung mit einer Gabel unterrühren und die Masse zu einer dicken runden Platte zusammendrücken, nicht kneten. Teigplatte in Frischhaltefolie wickeln und für 1 Stunde in den Kühlschrank legen.

2. Süßkartoffeln schälen, in 3 mm feine Scheiben schneiden und auf ein Backblech legen. Zitrone heiß abspülen, 2 TL Schale abreiben und beiseite stellen, Zitrone auspressen. Rosmarin waschen und trocken schütteln. Nadeln abzupfen und fein hacken. Olivenöl, Zitronensaft, Rosmarin, Honig, Salz und Pfeffer verrühren. Kartoffeln damit beträufeln und im Backofen bei 180 °C (keine Umluft!) 15–20 Minuten garen. Abkühlen lassen.

3. 150 g Crème fraîche mit Ziegenkäse, Eiern und Zitronenschale verrühren, mit Salz, Pfeffer und Muskat würzen. Teig 4 mm dünn ausrollen. Eine Tarteform (26 cm Ø) einfetten und mit Mehl bestäuben, Teig einlegen, überstehende Ränder abschneiden. 1 EL Käsecreme auf den Teig streichen, die Kartoffeln fächerförmig darauf verteilen und mit der Creme bestreichen. Quiche im Backofen unten bei 180 °C (keine Umluft!) 20–30 Minuten backen. Wenn die Quiche nicht braun wird, das Blech in den letzten 10 Minuten weiter oben einschieben.

Samosas mit Süßkartoffelfüllung

Samosas sind knusprig frittierte Teigtaschen aus Indien und Pakistan, die dort als Streetfood aus der Hand gegessen werden. Zu diesen Samosas schmeckt das Mangochutney oder ein frischer Joghurt-Dip.

Ergibt 15 Stück

- 2 getrocknete Chilischoten
- 2 Nelken
- 1 Stück Zimtstange, 2 cm
- 2 grüne Kardamomkapseln
- 1 TL Kreuzkümmelsamen
- 1 TL Korianderkörner | 1 TL grobes Salz
- 50 g getrocknete Mango
- 100 g brauner Zucker
- 400 g Süßkartoffeln
- 200 g Blumenkohl
- 1 Zwiebel
- 1 Stück Ingwer, 2,5 cm
- 50 g weiche Butter
- 2 EL Zitronensaft
- 100 g Erbsen (TK)
- 4 Zweige Koriander
- Salz, Pfeffer
- 250 g Filoteig (10 Blätter à 30 x 30 cm)

1. Gewürze in einer Pfanne ohne Öl anrösten, bis sie duften, mit 1 TL grobem Salz im Mörser fein vermahlen. Mango in 300 ml heißem Wasser einweichen und pürieren. Das Püree mit dem Zucker aufkochen und bei schwacher Hitze in 40 Minuten zu einem Sirup kochen. 1–2 TL Gewürzmischung zugeben und den Sirup abkühlen lassen.

2. Süßkartoffeln schälen und grob raspeln. Blumenkohl putzen und in sehr kleine Röschen teilen. Zwiebel abziehen, Ingwer schälen, beides fein würfeln und in 1 EL Butter anschwitzen, Süßkartoffeln und Blumenkohl zugeben und 2 Minuten mitbraten. Zitronensaft, 50 ml Wasser und 1–2 TL Gewürzmischung zugeben und alles bei mittlerer Hitze garen, bis die Flüssigkeit verdampft ist. Erbsen und gehackten Koriander untermischen, mit Salz und Pfeffer würzen und abkühlen lassen.

3. Restliche Butter schmelzen. Teigblätter in je 3 Streifen à 10 cm teilen. Je 1 Streifen mit Butter bestreichen, einen zweiten auflegen und ebenfalls mit Butter bestreichen. Dann je 1 EL Füllung so auf das linke untere Ende der Teigstreifen setzen, dass rechts ein Dreieck frei bleibt. Dieses Dreieck über die Füllung klappen und weiter nach oben zu einem dreieckigen Päckchen falten. Mit zerlassener Butter bestreichen. Samosas im Backofen bei 200 °C (Umluft 180 °C) in 15–20 Minuten goldbraun backen. Mit dem Dip servieren.

Süßkartoffelbrötchen mit Knoblauchbutter

Als Bolo de Caco sind diese Brötchen in Portugal und auf Madeira bekannt, was soviel heißt wie Scherbenkuchen. Denn Bolo ist portugiesisch für Kuchen und Caco (Scherbe) ist die Bezeichnung für eine Pfanne aus Stein, in welcher die Brötchen traditionell gebacken wurden.

Ergibt 12–15 Stück

10 g frische Hefe
600 g Mehl
5 Zweige glatte Petersilie
2–3 Knoblauchzehen
200 g zimmerwarme Butter
1 TL abgeriebene Schale einer unbehandelten Zitrone
Salz
1 mittelgroße Süßkartoffel, 350 g
½ TL Zucker | 2 EL Olivenöl

1. 5 g Hefe in 150 ml lauwarmem Wasser auflösen und in einer großen Schüssel mit 150 g Mehl verrühren, mit Frischhaltefolie abdecken und über Nacht im Kühlschrank gehen lassen.

2. Petersilie waschen, trocken schütteln und fein hacken. Knoblauch abziehen und pressen. Beides mit Butter, Zitronenschale und Salz mischen. In den Kühlschrank stellen.

3. Vorteig aus dem Kühlschrank nehmen. Süßkartoffel im Backofen bei 200 °C (Umluft 180 °C) 50 Minuten garen, bis sie weich ist, schälen, abkühlen lassen und zerstampfen.

4. 5 g Hefe in 100 ml lauwarmem Wasser auflösen. 450 g Mehl mit 2 TL Salz und ½ TL Zucker mischen. Hefewasser, Vorteig und Süßkartoffelpüree zugeben und alles zu einem glatten Teig kneten. Mit einem Tuch abdecken und 1 Stunde gehen lassen. Aus dem Teig, ohne ihn nochmal durchzukneten, 12–15 handtellergroße Fladen formen und auf blechgroße Backpapierstücke setzen. Mit einem Küchentuch bedeckt 1 Stunde gehen lassen.

5. Backofen mit dem Backblech auf 250 °C (keine Umluft!) vorheizen. Fladen mit Olivenöl bestreichen und mit dem Backpapier auf das heiße Blech ziehen. Hitze auf 200 °C reduzieren und die Brötchen im Ofen unten 15–20 Minuten backen. Die Knoblauchbutter zu den warmen Brötchen servieren.

Crostini mit Schalottenconfit

Gebackener Knoblauch hat ein besonders mildes Aroma und gibt dem Süßkartoffelaufstrich eine feine Würze. Am besten backen Sie gleich mehrere Knollen, denn das Knoblauchpüree kann man, mit Olivenöl bedeckt, gut zwei Wochen im Kühlschrank lagern.

Ergibt 12 Stück

- 1 kleine Süßkartoffel, 250 g
- 2 Knoblauchzehen
- 2 EL Butter
- Salz, Pfeffer
- Muskatnuss
- 200 g Schalotten
- 2 EL brauner Zucker
- 2 EL Aceto Balsamico
- 50 ml Rotwein
- 4 Zweige Thymian
- 2 EL Olivenöl
- 12 Scheiben Ciabatta

1. Süßkartoffel waschen und im Backofen bei 200 °C (Umluft 180 °C) 50 Minuten garen. Knoblauch 20 Minuten vor Ende der Garzeit dazulegen. Süßkartoffel schälen und noch warm durch ein Sieb streichen. Knoblauch aus der Schale drücken und mit 1 EL Butter unter das Püree mischen. Mit Salz, Pfeffer und Muskat würzen.

2. Schalotten abziehen, vierteln und in der restlichen Butter braten. Zucker zugeben und unter Rühren karamellisieren, mit Essig ablöschen. Rotwein angießen, 2 Thymianzweige einlegen und den Sud 20 Minuten leise kochen lassen. Das Confit abkühlen lassen, Thymian entfernen.

3. Olivenöl in einer Pfanne erhitzen, Brotscheiben darin portionsweise von beiden Seiten goldbraun rösten.

4. Crostini mit dem Süßkartoffelpüree dick bestreichen. Mit einem Teelöffel eine Mulde in den Aufstrich drücken und je 1 TL Confit hineingeben. Mit Thymianblättchen garnieren.

Zum Sattessen

Süßkartoffel-Kokos-Curry

Kokosmilch, Ingwer und Chili bestimmen den Geschmack thailändischer Curry-Gerichte. Nur kurz blanchiert behält das Gemüse in der würzigen Sauce seinen eigenen Geschmack. Das vegetarische Süßkartoffel-Kokos-Curry lässt sich durch Zugabe von Hühnerfleisch oder Meeresfrüchten gut variieren. Jasminreis ist als Beilage, mit einem Stück Ingwer gekocht, besonders zu empfehlen.

Für 4 Portionen

1 Stück Ingwer, 2 cm
3 Schalotten
1 Knoblauchzehe
2 EL Öl
1–2 EL rote Currypaste
200 ml Hühnerbrühe
200 ml Kokosmilch
600 g Süßkartoffeln
1 Stange Porree
2 Möhren
Salz, Zucker
4 EL geröstete, ungesalzene Cashewnüsse
3 Zweige Thai-Basilikum

1. Ingwer schälen, Schalotten und Knoblauch abziehen. Alles in feine Würfel schneiden und in 2 EL Öl anschwitzen. Currypaste zugeben und 1 Minute mitbraten, Hühnerbrühe und Kokosmilch angießen und die Sauce 20 Minuten leise kochen lassen.

2. Süßkartoffeln schälen und in 2 cm große Würfel schneiden. Porree putzen, Möhren schälen und beides in 5 mm dicke Scheiben schneiden. Süßkartoffeln in kochendem Salzwasser 8 Minuten blanchieren. Nach 3 Minuten Möhren dazugeben, nach 3 weiteren Minuten den Porree. Das Gemüse abgießen, kalt abspülen und gut abtropfen lassen. Gemüse in die Sauce geben, mit Salz und Zucker würzen.

3. Cashewnüsse grob hacken und in einer Pfanne ohne Fett rösten. Basilikum waschen, trocken schütteln, ein paar Blättchen zur Seite legen, restliche Blätter fein hacken und zum Gemüse geben. Das Gericht auf 4 Teller verteilen, mit Cashewnüssen bestreuen und mit dem restlichen Basilikum garnieren.

Meeresfrüchte-Topf

Violett-fleischige Süßkartoffeln sind zweifelsohne der „Hingucker“ in diesem edlen Eintopf. Mit einem frischen Stück Baguette serviert, bleibt vom feinen Sud garantiert kein Tropfen auf dem Teller. Der Meeresfrüchte-Topf schmeckt auch mit jeder anderen Süßkartoffelsorte.

Für 4 Portionen

- 500 g violett-fleischige Süßkartoffeln
- 1 Zwiebel
- 1 Knoblauchzehe
- 1 Stück Ingwer, 2 cm
- 20 g Butter
- 100 ml Weißwein
- 200 ml Hummer- oder Fischfond
- 200 g Sahne
- 1 Stück Schale einer unbehandelten Zitrone
- 1 Lorbeerblatt
- 6 küchenfertige Jakobsmuscheln
- 12 Riesengarnelen
- 5 Zweige Kerbel
- Salz, Cayennepfeffer

1. Süßkartoffeln schälen, längs halbieren und in 5 mm dicke Scheiben schneiden. Zwiebel und Knoblauch abziehen, Ingwer schälen. Alles in feine Würfel schneiden und in der Butter anschwitzen. Weißwein dazugießen. Wenn die Flüssigkeit fast verkocht ist, Fond und Sahne angießen. Süßkartoffeln, Zitronenschale und Lorbeerblatt in den Sud geben und alles bei mittlerer Hitze 20 Minuten leise kochen lassen, bis die Kartoffeln gar sind.

2. Garnelen schälen und die dunklen Därme entfernen. Garnelen kalt abspülen und trocken tupfen. Jakobsmuscheln kalt abspülen, trocken tupfen und einmal quer durchschneiden. Kerbel abspülen und trocken schütteln, die Blättchen abzupfen.

3. Lorbeerblatt und Zitronenschale aus dem Sud fischen. Den Sud mit Salz und Cayennepfeffer würzen. Jakobsmuscheln und Garnelen in die Sauce geben und darin 5 Minuten garziehen lassen, nicht mehr kochen. Das Gericht auf Tellern anrichten und mit Kerbel bestreuen.

Afrikanischer Rindfleischtopf

Erdnüsse gehören zu den Grundnahrungsmitteln der westafrikanischen Küche, denn die beliebten Hülsenfrüchte sind nahrhaft und gesund. Zu einer feinen Paste vermahlen findet man sie häufig in Eintopfgerichten und Saucen. Zum langsam geschmorten Rindfleischtopf mit Bohnen schmeckt Reis.

Für 4 Portionen

- 600 g Rindergulasch
- 2 Zwiebeln
- 2 Knoblauchzehen
- 1 große rote Chilischote
- 2 EL neutrales Öl
- 2 EL Tomatenmark
- 500 ml Rinderfond
- 1 Lorbeerblatt
- Salz
- 400 g Süßkartoffeln
- 4 Tomaten
- 4 EL Erdnusscreme
- 200 g grüne Bohnen
- Pfeffer

1. Das Fleisch kalt abspülen und trocken tupfen. Zwiebeln abziehen, halbieren und in Streifen schneiden. Knoblauch abziehen und in feine Scheiben schneiden. Chilischote waschen, halbieren, entkernen und in schmale Streifen schneiden.

2. 2 EL Öl in einem großen Topf erhitzen. Das Fleisch darin portionsweise rundherum kräftig anbraten, herausnehmen. Hitze reduzieren, Zwiebeln, Knoblauch und Chili anbraten. Tomatenmark zugeben und kurz mitbraten. Fleisch zurück in den Topf geben, Fond angießen, Lorbeerblatt und ½ TL Salz zugeben und alles zugedeckt bei mittlerer Hitze 1 Stunde schmoren.

3. Kartoffeln schälen und in grobe Würfel schneiden. Tomaten kreuzweise einritzen, mit heißem Wasser überbrühen und schälen. Tomaten vierteln, Stielansätze und Kerne entfernen. Bohnen putzen, waschen und in kochendem Salzwasser 5 Minuten blanchieren, abgießen und kalt abspülen.

4. Kartoffeln zum Fleisch geben, Erdnusscreme in den Fond einrühren und zugedeckt 20 Minuten weitergaren. Bohnen und Tomaten in den Topf geben und alles 10 Minuten weiterschmoren. Lorbeerblatt entfernen, das Gericht mit Salz und Pfeffer abschmecken.

Exotisches Gemüseragout mit Seeteufelmedaillons

Zu diesem fruchtigen und farbenfrohen „Gute-Laune-Gericht" passt eine Mischung aus Wild- und Basmatireis am besten.

Für 4 Portionen

- 1 Zwiebel
- 2 rote Paprikaschoten
- 300 g Süßkartoffeln
- 1 Stück Ingwer, 2 cm
- 1 große rote Chilischote
- 5 grüne Kardamomkapseln
- 40 g Butter
- 1 TL Currypulver
- Saft einer Orange
- 100 ml Geflügelfond
- 1 Mango
- Salz, Cayennepfeffer
- 8 Seeteufelmedaillons à 100 g
- 1 EL Honig

1. Zwiebel abziehen, halbieren und in feine Scheiben schneiden. Paprika putzen, mit dem Sparschäler schälen und in Streifen schneiden. Süßkartoffeln schälen, längs halbieren und in 5 mm dicke Scheiben schneiden. Ingwer schälen und fein würfeln, Chilischote waschen, entkernen und in schmale Streifen schneiden. Kardamomkapseln leicht andrücken. Alles in 20 g Butter andünsten, Currypulver darüberstreuen, mit Orangensaft ablöschen und den Fond angießen. Die Flüssigkeit auf die Hälfte einkochen lassen.

2. Mango vom Kern schneiden und schälen. Fruchtfleisch in Spalten schneiden und zum Gemüse geben. Das Gericht mit Salz und Cayennepfeffer abschmecken, in eine feuerfeste Form geben und im Backofen bei 180 °C (Umluft 160 °C) 15 Minuten garen.

3. Seeteufelmedaillons abspülen, trocken tupfen und in 20 g Butter anbraten. Honig zugeben und den Fisch darin schwenken, mit etwas Salz und Pfeffer bestreuen und auf das Gemüse setzen. Bratfond darübergießen und das Gericht im Backofen in 5–10 Minuten fertig garen.

Südstaaten-Hähnchen

Das einfache Gericht aus der Südstaatenküche ist gut vorzubereiten und schnell auf den Tisch gezaubert. Typische Cayun-Gewürze sorgen für feurigen Pep. Serviert mit einem knackigen Salat und einem leckeren Dip, ist das Südstaaten-Hähnchen genau das Richtige für liebe Gäste.

Für 4 Portionen

- 2 Schalotten
- 2 Knoblauchzehen
- ½ TL schwarzer Pfeffer
- 1 TL Paprikapulver, süß
- ½ TL Cayennepfeffer
- 1 TL Thymian
- 1 TL Oregano
- ½ TL Fenchelsamen
- 1 EL brauner Zucker
- 5 EL Olivenöl
- 1 Brathähnchen, ca. 1,2 kg
- Salz
- 600 g Süßkartoffeln
- 2 rote Zwiebeln
- 1 Zimtstange
- 3 Lorbeerblätter

1. Schalotten und Knoblauch abziehen und klein schneiden. Mit den Gewürzen, dem Zucker und 2 EL Olivenöl im Mörser oder einer Gewürzmühle zu einer Paste verarbeiten.

2. Das Hähnchen längs entlang der Wirbelsäule durchschneiden, waschen und trocken tupfen. Hähnchen mit der Innenseite nach unten flach drücken, salzen und die Gewürzpaste unter die Haut streichen. 1 Stunde marinieren.

3. Kartoffeln schälen und in 1,5 cm dicke Scheiben schneiden. Zwiebeln abziehen und in Achtel schneiden. Fettpfanne mit 1 EL Olivenöl bestreichen, das Huhn daraufsetzen. Kartoffeln und Zwiebeln um das Huhn legen, mit 2 EL Olivenöl beträufeln und salzen. Zimtstange und Lorbeerblätter zwischen die Kartoffeln stecken. Das Gericht im Backofen bei 180 °C (Umluft 160 °C) 30–40 Minuten garen.

Gefüllte Auberginen

Auch in Indien kennt man die Süßkartoffel, ob als klassisches Curry oder wie hier in Auberginenhälften präsentiert. Minzejoghurt und das indische Fladenbrot wie Nan oder Chapati gehören auf jeden Fall dazu.

Für 4 Portionen

500 g Süßkartoffeln
4 kleine Auberginen
3 EL Olivenöl
2 EL Rosinen
1 Zwiebel | 1 Knoblauchzehe
50 g geschälte Mandeln
4 Zweige glatte Petersilie
1–2 TL Garam Masala
100 ml Gemüsefond
2 TL Zitronensaft
Zimt
Salz, Pfeffer
4 Zweige Minze
200 g Joghurt, 10 % Fett

1. Kartoffeln schälen, in 1 cm große Würfel schneiden und in kochendem Salzwasser 5 Minuten blanchieren. Kartoffeln abgießen und ausdampfen lassen.

2. Auberginen waschen, längs halbieren und mit einem Löffel aushöhlen (dabei 1 cm Rand stehen lassen), das Fruchtfleisch würfeln. Die Schnittflächen mit 1 EL Öl bepinseln und die Früchte mit der Schnittfläche nach unten in eine ofenfeste Form setzen. Im Backofen bei 180 °C (Umluft 160 °C) 15 Minuten backen.

3. Rosinen in 50 ml heißem Wasser einweichen. Zwiebel und Knoblauch abziehen und in feine Würfel schneiden. Mandeln in einer Pfanne ohne Fett goldbraun rösten und grob hacken. Petersilie waschen, trocken schütteln und fein hacken.

4. Zwiebeln und Knoblauch in 2 EL Öl glasig anschwitzen. Kartoffelwürfel, Auberginenfleisch, Gewürze und die Rosinen mit dem Einweichwasser dazugeben, Fond angießen. Alles bei mittlerer Hitze 5–10 Minuten garen. Mandeln und Petersilie unterheben, mit Zitronensaft, Zimt, Salz und Pfeffer würzen.

5. Auberginen aus dem Ofen nehmen, umdrehen und mit der Kartoffelmischung füllen. Im Backofen warm halten. Minze waschen, trocken schütteln und fein hacken. Joghurt mit Salz und Pfeffer glatt rühren, Minze unterheben. Joghurt zu den Auberginen servieren.

Feuriger Süßkartoffel-Auflauf

Manchego, ein spanischer Schafskäse, und Chorizo geben dem Auflauf feine Würze und feuriges Temperament.

Für 4 Portionen

- 4 große Tomaten
- 1 rote Paprikaschote
- 1 Gemüsezwiebel
- 2 Knoblauchzehen
- 1 große rote Chilischote
- 2 EL Olivenöl
- 1 EL Tomatenmark
- 50 ml Sherry
- 200 ml Gemüsefond
- Salz, Pfeffer
- 250 g Chorizo
- 200 g Crème fraîche
- 100 g Sahne
- 3 Eier
- Cayennepfeffer
- 100 g Manchego, gerieben
- 750 g Süßkartoffeln
- Butter für die Form

1. Tomaten kreuzweise einritzen, mit heißem Wasser überbrühen, abschrecken und abziehen. Tomaten vierteln, Stielansätze und Kerne entfernen. Paprika mit dem Sparschäler schälen, vierteln, Stielansätze und Kerne entfernen und das Fruchtfleisch in Streifen schneiden. Zwiebel abziehen, halbieren und in Scheiben schneiden. Knoblauch abziehen und in feine Scheiben schneiden. Chili längs halbieren, entkernen und in Streifen schneiden.

2. Knoblauch und Zwiebeln in 2 EL Öl glasig anschwitzen. Paprika, Chili und Tomatenmark 2 Minuten mitbraten, mit Sherry ablöschen. Wenn die Flüssigkeit fast verkocht ist, Tomaten und Fond zugeben und bei mittlerer Hitze 10 Minuten kochen. Mit Salz und Pfeffer würzen.

3. Chorizo in Scheiben schneiden. Crème fraîche, Sahne und Eier verquirlen, mit Cayennepfeffer und Salz würzen und die Hälfte des Käses unterheben.

4. Süßkartoffeln schälen und in 3 mm feine Scheiben schneiden. Eine Auflaufform mit Butter ausstreichen, eine Schicht Kartoffeln einlegen und je ein Drittel der Tomatensauce und der Chorizo darauf verteilen. So fortfahren, bis alle Zutaten aufgebraucht sind, mit Kartoffeln abschließen. Mit der Eier-Sahne übergießen und den restlichen Käse darauf verteilen. Im Backofen bei 180 °C (Umluft 160 °C) 1 Stunde backen, bis die Kartoffeln gar sind. Sollte der Auflauf beim Backen zu braun werden, mit Alufolie abdecken.

Orientalisch gewürzter Shepherd's Pie

Gehacktes Lammfleisch gehört klassischerweise unter die goldgelbe Kruste des Shepherd's Pie – daher der Name. Das aus Schottland stammende Gericht ist besonders bei Kindern sehr beliebt. Der orientalisch gewürzte Shepherd's Pie lässt sich gut vorbereiten und kann auch in kleinen Portionsförmchen gebacken werden.

Für 4 Portionen

- 600 g Süßkartoffeln
- 3 Knoblauchzehe
- Salz
- 3 EL Butter
- 2 EL Orangensaft
- 3 EL Honig
- Pfeffer, Muskatnuss
- 2 Möhren
- 2 Zwiebeln
- 3 Zweige glatte Petersilie
- 3 Zweige Minze
- 500 g Hackfleisch vom Lamm
- 2 EL Olivenöl
- ½ TL Zimtpulver
- 1 TL Garam Masala
- 150 ml Rinderfond

1. Süßkartoffeln schälen und in Stücke schneiden. 1 Knoblauchzehe abziehen. Beides in Salzwasser 20 Minuten garen, abgießen und mit 1 EL Butter zerstampfen. 2 EL Orangensaft und 1 EL Honig unter das Püree rühren, mit Salz, Pfeffer und Muskat würzen.

2. Möhren schälen, Zwiebeln und 2 Knoblauchzehen abziehen und alles in feine Würfel schneiden. Petersilie und Minze waschen, trocken schütteln, die Blättchen von den Zweigen zupfen und hacken.

3. Hackfleisch in 2 EL Öl kräftig anbraten. Zwiebeln, Knoblauch und Möhren zugeben und 2 Minuten mitbraten. 2 EL Honig, Zimt und Garam Masala zum Fleisch geben, Fond angießen und etwas einkochen lassen. Die Kräuter untermischen und mit Salz und Pfeffer würzen.

4. Die Hackfleischmischung in eine Auflaufform geben, das Kartoffelpüree darauf verteilen und mit Butterflöckchen belegen. Im Backofen bei 180 °C (keine Umluft!) in 20 Minuten goldbraun backen.

Süßkartoffel-Gnocchi

Ein wenig Geduld und Fingerspitzengefühl braucht man schon für die Zubereitung der Süßkartoffel-Gnocchi, damit sie wunderbar leicht und luftig werden. Dem Teig sollte unbedingt nur so viel Mehl wie gerade eben nötig zugefügt werden. Dann aber sind die beliebten Miniknödel ein echter Genuss, egal ob mit Zitronen-Pistazien-Butter, frisch geriebenem Parmesan, kleinen Kalbsschnitzeln oder zu Fisch.

Für 4 Portionen

500 g Süßkartoffeln
120 g Hartweizenmehl
1 Eigelb
Salz, Pfeffer
Muskatnuss
60 g Pistazien
125 g Butter
1 TL Schale einer unbehandelten Zitrone

1. Süßkartoffeln waschen und im Backofen bei 180 °C (Umluft 160 °C) 50 Minuten garen. Kartoffeln pellen, abkühlen lassen und durch ein Sieb streichen. Eigelb mit Salz, Pfeffer und Muskat verquirlen. Eigelb und 100 g Mehl zum Kartoffelpüree geben und alles mit einem Holzlöffel gut vermischen, sodass ein weicher, aber formbarer Teig entsteht.

2. Etwas Hartweizenmehl auf eine Arbeitsfläche streuen. Aus dem Teig Rollen mit einem Durchmesser von 2 cm formen, diese in 2 cm lange Stücke schneiden und auf ein mit Mehl bestreutes Tablett legen.

3. Wasser in einem großen Topf zum Kochen bringen, kräftig salzen und die Gnocchi vorsichtig hineingeben. Die Hitze reduzieren und die Gnocchi gar ziehen lassen (sie sind fertig, wenn sie oben schwimmen). Gnocchi mit einer Schaumkelle aus dem Wasser nehmen und in eine vorgewärmte Schüssel geben.

4. Pistazien grob hacken. Butter in einer Pfanne aufschäumen. Wenn sie anfängt, Farbe zu bekommen, Pistazien, Zitronenschale und 1 Prise Salz zugeben. Die Butter sofort über die Gnocchi gießen.

Süßkartoffel-Ravioli

Kartoffeln und Pasta, eine Kombination mit Tradition. Die Sarden füllen Ravioli gerne mit Kartoffeln und Minze, in Ligurien werden Pasta und Kartoffeln gemischt mit Pesto gegessen. Das milde maronenartige Aroma der Süßkartoffel-Füllung braucht nicht viel mehr als zerlassene Butter und frisch geriebenen Parmesan.

Für 4 Portionen

- 100 g Hartweizenmehl
- Salz
- 2 Eier
- 300 g Süßkartoffeln
- 2 Zweige Thymian
- 1 Knoblauchzehe
- 1 Stück Schale einer unbehandelten Zitrone
- 1 EL Olivenöl
- 2 EL Walnusskerne
- Pfeffer
- Muskatnuss
- 4 EL Parmesan, frisch gerieben

1. Mehl mit 1 Prise Salz mischen und mit 1 Ei zu einem glatten Teig verkneten. In Frischhaltefolie wickeln und mindestens 1 Stunde ruhen lassen.

2. Süßkartoffeln schälen und in Stücke schneiden. Thymian waschen und trocken schütteln. Knoblauch abziehen und in Scheiben schneiden. Kartoffeln mit Knoblauch, Thymian und Zitronenschale auf ein Stück Alufolie geben, mit Olivenöl beträufeln und die Folie zu einem Päckchen verschließen. Im Backofen bei 180 °C (Umluft 160°C) 30 Minuten garen.

3. Süßkartoffeln in einer Schüssel gut abkühlen lassen. Thymian und Zitronenschale entfernen und die Kartoffeln mit einer Gabel zerdrücken. Walnusskerne hacken. Das restliche Ei trennen. Kartoffelmasse und Eigelbe mischen, mit Salz, Pfeffer und Muskat würzen. Parmesan und Walnüsse unterheben.

4. Nudelteig dünn ausrollen (am besten mit einer Nudelmaschine) und 6 cm große Kreise ausstechen. Auf jeden Kreis 1 TL Füllung setzen, die Ränder mit Eiweiß bestreichen und die Kreise zu Halbkreisen zusammendrücken. In kochendem Salzwasser in 3–5 Minuten bissfest garen.

Raffinierte Begleiter

Süßkartoffeln im Orangensud

Das fein-säuerliche Aroma sonnengereifter Orangen harmoniert gut mit dem Geschmack der Süßkartoffel. Mit Kardamom gewürzt ist das fruchtige Gericht ein köstlicher Begleiter für gebratenes Geflügel oder gedünsteten Fisch. Als Gemüse empfiehlt sich in Butter gedünsteter Wirsing dazu.

Für 4 Portionen

- 750 g Süßkartoffeln
- 1 Zwiebel
- 1 unbehandelte Orange
- 5 grüne Kardamomkapseln
- 3 EL Olivenöl
- 100 ml Gemüsefond
- 1 EL Honig
- ½ TL schwarze Pfefferkörner
- ½ TL Piment
- 1 Lorbeerblatt
- 1 Zimtstange
- Salz

1. Süßkartoffeln schälen und grob würfeln. Zwiebel abziehen, halbieren und in feine Scheiben schneiden. Orange heiß abspülen, Mit dem Sparschäler 3 Streifen Schale abschneiden und die Orange auspressen. Kardamomkapseln andrücken.

2. Öl in einem Topf erhitzen, Zwiebeln darin glasig anschwitzen. Kardamom und Kartoffelwürfel zugeben und 1 Minute mitbraten. Orangensaft und Fond angießen, Honig, Gewürze und Orangenschale zugeben, salzen. Alles bei mittlerer Hitze 15–20 Minuten kochen, bis die Kartoffeln gar sind.

Confierte Süßkartoffeln

Confieren ist eine beliebte Methode zur Zubereitung von Fisch und feinem Fleisch. Durch schonendes Garen in Öl bleiben die Zutaten saftig und werden wunderbar zart. Auf die Qualität des Öls sollte man bei diesem Gericht besonders achten, da es maßgeblich den Geschmack beeinflusst. Es lässt sich später zum Kochen weiterverwenden. Confierte Süßkartoffeln haben ein feines Aroma und sind butterzart – eine edle Beilage.

Für 4 Portionen

750 g Süßkartoffeln
2 Knoblauchzehen
3 Zweige Zitronenthymian
1 l Olivenöl
grobes Meersalz
(Fleur de Sel oder Maldon Sea Salt)

1. Süßkartoffeln schälen und in 5 mm feine Scheiben schneiden. Knoblauch abziehen und in feine Scheiben schneiden. Thymian abspülen und trocken schütteln.

2. Kartoffeln mit Knoblauch und Thymian in einen großen Topf geben. Mit Öl auffüllen, bis die Kartoffeln bedeckt sind. Das Öl langsam auf 100 °C erwärmen. Den Topf vom Herd nehmen und bei 80 °C für 20–30 Minuten in den Backofen stellen.

3. Kartoffeln mit einer Schaumkelle aus dem Öl heben, gut abtropfen lassen und auf Teller verteilen, Thymian entfernen. Kartoffeln mit etwas grobem Meersalz bestreuen.

Kokospüree

Das Kokospüree mit seinem milden exotischen Geschmack passt zu gegrilltem Fleisch und gebratenem Fisch.

Für 4 Portionen

750 g Süßkartoffeln
1 Stück Ingwer, 2 cm
1 Knoblauchzehe
2 Stängel Zitronengras
200 ml Kokosmilch
Salz, Cayennepfeffer
1 Bund Frühlingszwiebeln
50 g Butter

1. Süßkartoffeln schälen, würfeln, in Salzwasser garen und abgießen.

2. Ingwer schälen, Knoblauch abziehen. Zitronengras in Stücke schneiden und etwas anquetschen. In die Kokosmilch geben, aufkochen und 20 Minuten ziehen lassen. Gewürzmilch durch ein Sieb über die Kartoffeln gießen und die Kartoffeln zerstampfen. Püree mit Salz und Cayennepfeffer würzen.

3. Frühlingszwiebeln putzen und in Ringe schneiden. Butter in einer Pfanne zerlassen, die Frühlingszwiebeln zugeben und 3 Minuten dünsten. Das Püree mit zerlassener Butter und Frühlingszwiebeln anrichten.

Süßkartoffelpüree mit Cidre

Äpfel und Süßkartoffeln zusammen püriert sind eine echte Alternative zu „Himmel und Erde" – eine perfekte Beilage zu gebratener Leber und Blutwurst.

Für 4 Portionen

600 g Süßkartoffeln
100 g Knollensellerie
1 mittelgroßer Apfel
Salz
7 Zweige Thymian
2 Schalotten
3 EL Butter
125 ml Cidre
Pfeffer
Muskatnuss

1. Süßkartoffeln und Sellerie schälen und in Würfel schneiden. Apfel schälen, Kerngehäuse entfernen und das Fruchtfleisch ebenfalls würfeln. Alles zusammen in leicht gesalzenem Wasser 20 Minuten garen.

2. Thymian waschen und trocken schütteln. Schalotten abziehen, in feine Würfel schneiden und in 1 TL Butter glasig anschwitzen. 1 TL Zucker zu den Zwiebeln geben und kurz karamellisieren, mit Cidre ablöschen. 2 Zweige Thymian zugeben und den Sud bei mittlerer Hitze auf die Hälfte einkochen lassen. Durch ein Sieb passieren.

3. Restliche Thymianblättchen fein hacken. Kartoffeln abgießen, mit der Cidrereduktion und der restlichen Butter zerstampfen. Das Püree mit Salz, Pfeffer und Muskat würzen, gehackten Thymian unterheben.

Süßkartoffel-Soufflé

Mit einem gemischten Salat ist das Soufflé eigentlich schon eine kleine Mahlzeit für sich, doch es passt auch gut zu Lammkoteletts mit provenzalischem Gemüse. Lässt man den Ziegenkäse weg und gart die kleinen Förmchen im Wasserbad, wird aus dem Soufflé ein Timbal, das passt besonders gut zu gegrilltem Fisch.

Für 4 Portionen

- 400 g Süßkartoffeln
- 30 g Butter
- 2 EL Semmelbrösel
- 3 Zweige Thymian
- 3 Eier
- 100 g Ziegenfrischkäse
- 2 EL Orangensaft
- Salz, Pfeffer, Muskatnuss

1. Süßkartoffeln in der Schale in Wasser garen. Noch heiß schälen, zerstampfen und abkühlen lassen.

2. 4 Portionsförmchen mit der Butter ausstreichen und mit den Semmelbröseln ausstreuen. Thymian waschen, trocken schütteln und die Blättchen fein hacken.

3. Eier trennen, Eiweiße steif schlagen. Kartoffelpüree mit Eigelben, Butter, Ziegenfrischkäse und Orangensaft gut vermischen, mit Salz, Pfeffer und Muskat abschmecken. Thymian und Eischnee unterheben. Die Masse in die vorbereiteten Förmchen füllen und im Backofen auf der zweiten Schiene von unten bei 200 °C (Umluft 180 °C) etwa 20 Minuten backen. In den Formen servieren.

Glasierte Süßkartoffeln

In Butterkaramell gegarte Süßkartoffeln sind ein Klassiker der US-amerikanischen Küche. Als Thanksgiving Yams werden sie am Erntedankfest im ganzen Land zum Truthahn gegessen. Als Variante ohne Cranberrys, Whisky und Nüsse, dafür mit kleinen Marshmallows überbacken, sind sie besonders bei Kindern beliebt.

Für 4 Portionen

- 750 g Süßkartoffeln
- 50 g Cranberrys
- 3 EL Whisky
- 1 unbehandelte Orange
- 50 g Walnusskerne
- 50 g Butter
- 2 EL brauner Zucker
- ½ TL Zimt

1. Süßkartoffeln in der Schale in Wasser 15 Minuten vorgaren, schälen, abkühlen lassen und in 1 cm dicke Scheiben schneiden. Cranberrys in Whisky einweichen. Orange heiß abwaschen, 2 TL Schale abreiben und die Frucht auspressen. Walnusskerne hacken.

2. Auflaufform mit der Butter ausstreichen, die Süßkartoffelscheiben fächerförmig hineinlegen. Butter und Zucker in einem Topf karamellisieren und mit Orangensaft ablöschen. Cranberrys mit Whisky, Orangenschale und Zimt zugeben und alles in etwa 10 Minuten einkochen. Die Sauce über die Süßkartoffeln gießen und das Gericht mit den Nüssen bestreuen. Im Backofen bei 180 °C (Umluft 160 °C) 30 Minuten backen.

Aromakartoffeln

Durch das Garen in geschlossenen Pergamentpäckchen kann das Aroma der Kräuter nicht entweichen, so übertragen sie ihren ganzen Geschmack auf die Süßkartoffeln. Die Aromakartoffeln lassen sich gut vorbereiten und passen besonders zu Fischgerichten und kurz gebratenem Fleisch.

Für 4 Portionen

600 g Süßkartoffeln
1 Ei
8 Streifen Schale einer unbehandelten Zitrone
8 Zweige Thymian
8 EL Weißwein
grobes Salz
4 TL Butter
4 Stück Pergamentpapier

1. Süßkartoffeln schälen, der Länge nach halbieren und in 1 cm dicke Scheiben schneiden. Das Ei verquirlen.

2. Auf jedes Papierstück ein Viertel der Süßkartoffeln geben. Je 2 Stück Zitronenschale und je 2 Thymianzweige zugeben, alles mit 2 EL Weißwein beträufeln, salzen und 1 TL Butter zugeben. Die Ränder des Papiers mit dem verquirlten Ei bestreichen, zusammendrücken und zweimal nach oben umschlagen.

3. Die Päckchen im Backofen bei 180 °C (Umluft 160 °C) 20–25 Minuten backen.

Sahniges Süßkartoffelgratin

Streng genommen müsste dieses Gericht Süßkartoffeln à la Dauphinoise heißen, denn in ein Gratin gehört immer auch Käse. Die in milder Knoblauchsahne gegarten Kartoffeln passen gut zu edlem Fisch und kurz gebratenem Fleisch. Verteilt man geriebenen Pecorino und ein paar Kräuter zwischen den einzelnen Schichten, wird das Gericht zu einem echten Gratin.

Für 4 Portionen

300 g Sahne
200 ml Milch
3 Knoblauchzehen
3 Streifen Schale einer unbehandelten Zitrone
Salz
Cayennepfeffer
750 g Süßkartoffeln
Butter für die Form

1. Knoblauch in der Schale im Backofen bei 180 °C (Umluft 160 °C) 15 Minuten garen.

2. Knoblauchpüree aus der Schale drücken und mit Sahne, Milch und Zitronenschale einmal aufkochen lassen, vom Herd nehmen und 20 Minuten ziehen lassen. Zitronenschale entfernen, die Knoblauchsahne mit Salz und Cayennepfeffer kräftig würzen.

3. Kartoffeln schälen und in 3 mm feine Scheiben hobeln. Eine Auflaufform mit Butter ausstreichen, Kartoffeln gleichmäßig in die Form schichten, gut andrücken und mit der Knoblauchsahne übergießen. Im Backofen bei 180 °C (Umluft 160 °C) 1 Stunde backen. Vor dem Servieren 5 Minuten ruhen lassen.

Gefüllte Süßkartoffeln

Dieses Gericht wird in unzähligen Variationen in allen Regionen zubereitet, in denen Süßkartoffeln klassischerweise auf dem Speiseplan stehen. Ahornsirup, Orangensaft und Zimt unterstreichen das süße Aroma der Knolle perfekt. Gefüllte Süßkartoffeln sind eine beliebte Beilage zu gegrilltem Fleisch.

Für 4 Portionen

- 2 große Süßkartoffeln à 400 g
- 2 EL Butter
- 1 EL Ahornsirup
- 2 EL Orangensaft
- Salz
- Cayennepfeffer, Zimt

1. Süßkartoffeln waschen und im Backofen bei 200 °C (Umluft 180 °C) 60–70 Minuten garen.

2. Kartoffeln halbieren und mit einem Löffel aushöhlen, dabei 1 cm Rand stehen lassen. Die Kartoffelmasse mit 1 EL Butter, Ahornsirup und Orangensaft fein zerstampfen. Mit Salz, Cayennepfeffer und Zimt würzen. Das Püree in die ausgehöhlten Kartoffelhälften füllen und mit Butterflöckchen belegen.

3. Kartoffeln in eine ofenfeste Form setzen und im Backofen bei 220 °C (Umluft 200 °C) in 5–10 Minuten goldbraun backen.

Fächerkartoffeln

Fächerkartoffeln sind eine Erfindung aus Schweden, dort heißen sie Hasselbacks. Die dekorative Alternative zur Folienkartoffel schmeckt pur, mit Quark oder zum Steak.

Für 4 Portionen

4 kleine Süßkartoffeln à 200 g
1 unbehandelte Orange
8 frische Lorbeerblätter
½ TL Fenchelsamen
1 TL grobes Salz
3 EL Butter

1. Süßkartoffeln mit einer Bürste unter fließendem Wasser gründlich schrubben. Quer 8-mal tief einschneiden, aber nicht durchschneiden. Orange mit einem Sparschäler dünn schälen und die Stücke in 16 Streifen von 2 x 3 cm teilen. Lorbeerblätter halbieren. Jeweils 1 Stück Orangenschale und ½ Lorbeerblatt im Wechsel in die Einschnitte der Kartoffeln geben.

2. Kartoffeln in eine ofenfeste Form setzen. Fenchel mit Salz im Mörser fein zerreiben. Butter aufschäumen lassen, Fenchel und Salz zugeben und die heiße Butter über die Kartoffeln gießen. Im Backofen bei 180 °C (Umluft 160 °C) 50 Minuten backen, bis die Kartoffeln gar sind. Orangenschale und Lorbeer vor dem Essen entfernen.

Feurige Süßkartoffel-Ecken vom Blech

Durch das Ausdampfen nach dem Blanchieren werden die Kartoffelecken besonders knusprig und schmecken, pikant gewürzt, typisch amerikanisch.

Für 4 Portionen

750 g Süßkartoffeln
Salz
1 TL Koriander
½ TL Fenchelsamen
2 getrocknete rote Chilischoten
1 TL Oregano
3 EL Olivenöl

1. Süßkartoffeln mit einer Bürste unter fließendem Wasser gründlich schrubben, längs in 1,5 cm breite Scheiben schneiden. In kochendem Salzwasser 5 Minuten blanchieren, abgießen, ausdampfen und abkühlen lassen.

2. Koriander, Fenchel, Chili und Oregano mit 1 TL Salz im Mörser fein zerreiben, mit Olivenöl mischen und über die Kartoffeln gießen, gut mischen. Kartoffelscheiben auf einem mit Backpapier ausgelegten Backblech verteilen und im Backofen bei 200 °C (Umluft 180 °C) in 20–30 Minuten goldbraun backen, zwischendurch einmal wenden.

Süßkartoffelbrot

Das saftige Brot bleibt lange frisch und schmeckt zu einer deftigen Brotzeit genauso gut wie mit einem mediterranen Belag aus Schafskäse, Tomaten und schwarzen Oliven.

Ergibt 2 Brote

- 250 g Süßkartoffeln
- 1 Zwiebel
- 1 EL Olivenöl
- 10 g Hefe
- ½ TL Fenchelsamen
- ½ TL Korianderkörner
- 2 TL grobes Salz
- 150 g Roggenmehl
- 150 g Vollkornweizenmehl
- 200 g Weizenmehl
- 100 g Sauerteig (Fertigprodukt)
- Mehl für die Arbeitsfläche

1. Die Kartoffeln schälen und grob raspeln. Zwiebel abziehen und fein würfeln. Zwiebelwürfel in 1 EL Öl glasig anschwitzen, Kartoffeln zugeben und bei schwacher Hitze 5 Minuten braten. Die Mischung etwas abkühlen lassen.

2. Hefe in 150 ml lauwarmem Wasser auflösen. Gewürze mit dem Salz im Mörser fein zerreiben und mit den Mehlsorten in einer großen Schüssel mischen. Sauerteig, Hefemischung und Kartoffelmischung zum Mehl geben. Den Teig mit den Knethaken eines Mixers so lange kneten, bis er sich aus der Schüssel löst (ist der Teig zu fest, etwas Wasser zugeben; ist er zu feucht, noch etwas Mehl unterkneten). Mit den Händen noch 5 Minuten weiterkneten. Den Teig zugedeckt 2 Stunden gehen lassen.

3. Teig erneut durchkneten, 15 Minuten ruhen lassen, in 2 Teile teilen und jedes zu einem Laib formen. Brote auf ein mit Backpapier ausgelegtes Backblech setzen und zugedeckt 1 Stunde gehen lassen. Backofen auf 220 °C (keine Umluft!) vorheizen. Brotlaibe mehrmals mit einem spitzen Messer einschneiden und im Ofen 15 Minuten backen. Die Hitze auf 180 °C reduzieren und die Brote noch 30 Minuten weiterbacken.

Süßkartoffeln Dauphin

Statt der sonst üblichen Kroketten eignen sich die kleinen Krapfen besonders gut als Beilage zu feinen Wildgerichten.

Für 4 Portionen

1 kleine Süßkartoffel, 250 g
Salz, Pfeffer, Muskatnuss
30 g Butter
50 g Mehl
1 Ei
Öl zum Frittieren

1. Süßkartoffeln in der Schale in Wasser garen, noch heiß pellen, zerstampfen und abkühlen lassen. Das Püree mit Salz, Pfeffer und Muskat abschmecken.

2. 100 ml Wasser mit der Butter und etwas Salz aufkochen, vom Herd ziehen. Das Mehl auf einmal zugeben und so lange rühren, bis sich ein Kloß bildet. Den Topf zurück auf den Herd stellen und den Teig bei mittlerer Hitze unter Rühren „abbrennen" (dabei bildet sich eine weiße Schicht auf dem Topfboden).

3. Teig in eine Schüssel geben, etwas abkühlen lassen, dann das Ei mit einem Holzlöffel einarbeiten. Teig mit dem Kartoffelpüree mischen. Fett in der Fritteuse oder einem Topf erhitzen. Mithilfe von zwei Teelöffeln Nocken vom Teig abstechen und diese portionsweise im heißen Öl goldbraun ausbacken. Die Süßkartoffeln auf Küchenpapier abtropfen lassen und im Backofen warm halten, bis der ganze Teig aufgebraucht ist.

Süßes Finale

Süßkartoffel-Pie

Die Pie ist ein pastetenähnliches Gebäck, das, süß oder herzhaft gefüllt, vor allem in den USA und in England weit verbreitet ist. Die klassische Sweet Potatoe Pie ist mit Süßkartoffelpüree gefüllt, das mit Zimt, Orange und Ahornsirup gewürzt wird. Ob zum Kaffee, als Dessert, mit Sahne oder Vanilleeis, die Süßkartoffel-Pie schmeckt lauwarm am besten.

Ergibt 8 Stück

100 g kalte Butter
1 EL Crème fraîche
200 g Mehl
2 EL Zucker
¼ TL Salz
½ unbehandelte Zitrone
½ Vanillestange
2 EL Rosinen
400 g Süßkartoffeln
2 EL Butter
2 EL brauner Zucker
1 Ei

1. Butter in kleine Würfel schneiden. Crème fraîche mit 50 ml Wasser verrühren, beides für 15 Minuten ins Gefrierfach stellen. Mehl, Zucker, ¼ TL Salz und die eiskalte Butter in einer Schüssel mischen, mit den Fingerspitzen zu einer krümeligen Masse verarbeiten. Die Crème-fraîche-Wasser-Mischung mit einer Gabel unterrühren und den Teig zusammendrücken, nicht kneten. Teig in zwei Portionen (150 und 250 g) teilen und zu zwei fingerdicken Platten formen. In Frischhaltefolie wickeln und für 1 Stunde in den Kühlschrank legen.

2. Zitronenschale abreiben und die Zitrone auspressen. Vanillestange längs einschneiden und das Mark auskratzen. Rosinen in 50 ml heißem Wasser einweichen. Süßkartoffeln schälen und in 2 cm große Würfel schneiden. Kartoffelwürfel in 2 EL Butter andünsten, Zucker zugeben und karamellisieren. Mit Zitronensaft ablöschen, Rosinen mit dem Einweichwasser, Vanillemark und Zitronenschale zugeben. Die Kartoffeln 10 Minuten braten, bis die Flüssigkeit fast verdampft ist. Abkühlen lassen.

3. Das Ei verquirlen. Beide Teigstücke 3 mm dünn und rund ausrollen. Das größere auf ein Stück Backpapier legen und die Füllung darauf verteilen, dabei 5 cm Rand frei lassen. Das zweite Teigstück auflegen, den überstehenden unteren Rand mit Ei bestreichen und nach oben einschlagen. Die Pie mit Ei bestreichen und mit einem scharfen Messer ein Muster einritzen. Im Backofen bei 180 °C (keine Umluft!) in 30–40 Minuten goldbraun backen.

Orangen-Walnuss-Kuchen

Der saftige Gewürzkuchen schmeckt pur oder mit frisch geschlagener Sahne.

Ergibt 12 Stück

- 150 g Süßkartoffeln
- 175 g Mehl
- 2 TL Backpulver
- 1 Vanillestange
- 1 unbehandelte Orange
- 150 g Butter
- 125 g Zucker
- ½ TL Zimt
- Muskatblüte, Salz
- 3 Eier
- 50 g gemahlene Walnüsse
- 3 Orangen
- 2 EL brauner Zucker
- 10 ml Orangenlikör
- 1 Stück Zimtstange, 2 cm
- 1 Lorbeerblatt
- 1 Sternanis
- 10 Pfefferkörner
- 2 Blatt Gelatine
- 2 EL Aprikosenkonfitüre
- Butter und Mehl für die Form

1. Süßkartoffeln schälen und raspeln. Mehl und Backpulver mischen. Vanillestange längs aufschlitzen und das Mark auskratzen. Von der Orange 2 TL Schale abreiben und die Orange auspressen. Eine Springform (24 cm Ø) mit Butter einpinseln und mit Mehl bestäuben.

2. Butter mit Zucker, Vanillemark, 1 TL Orangenschale, Zimt, je 1 Prise Muskatblüte und Salz schaumig schlagen. Eier einzeln unterrühren. Mehl nach und nach unterrühren. Süßkartoffeln und Walnüsse unterheben. Den Teig in die Form füllen und im Backofen bei 180 °C (Umluft 160 °C) 40–45 Minuten backen. Dann aus der Form lösen und abkühlen lassen.

3. Orangen mit einem Messer schälen, dabei auch die weiße Haut entfernen. Orangen in feine Scheiben schneiden und in eine flache Schale legen. Zucker in einem Topf karamellisieren, mit Orangenlikör und -saft ablöschen, 1 TL Orangenschale, Vanillestange und Gewürze zugeben, aufkochen und über die Orangen gießen. Zugedeckt 1 Stunde marinieren.

4. Gelatine in kaltem Wasser einweichen. Orangen abgießen, Marinade dabei auffangen. Marinade auf 100 ml einkochen, aufgeweichte Gelatine darin auflösen. Kuchen mit 2 EL Aprikosenkonfitüre bestreichen und die Orangenscheiben darauf arrangieren. Mit dem Orangensud übergießen, sobald dieser anfängt zu gelieren.

Crème brûlée

Optisch unterscheidet sich diese Crème brûlée kaum vom beliebten Klassiker, doch Süßkartoffeln und Muskatblüte, auch Macis genannt, sorgen für überraschende Geschmacksmomente. So lässt sich das Dessert ohne weitere Schnörkel genießen.

Für 4 Portionen

1 kleine Süßkartoffel, 250 g
150 ml Milch
150 g Sahne
50 g Zucker
½ Vanilleschote
Salz
Muskatblüte
3 Eigelb
2 EL brauner Zucker

1. Süßkartoffel schälen und raspeln. Milch, Sahne und Zucker in einem Topf zum Kochen bringen. Vanilleschote längs aufschlitzen und zugeben. Kartoffelraspel, 1 Prise Salz und 1 Messerspitze Muskatblüte zugeben und alles 20 Minuten leise kochen lassen. Die Vanilleschote entfernen und die Kartoffel-Sahne-Mischung fein pürieren.

2. Eigelbe in einer Schüssel verquirlen, die heiße Kartoffelsahne unter ständigem Rühren auf die Eigelbe gießen. Die Masse 5 Minuten ruhen lassen, dann durch ein Sieb streichen. Die Creme in flache Portionsschälchen füllen und in eine Form mit heißem Wasser stellen. Im Backofen bei 100 °C 45 Minuten pochieren. Herausnehmen und abkühlen lassen.

3. Den braunen Zucker auf die Süßkartoffelcreme streuen und mit einem Gasbrenner karamellisieren.

Kokospudding mit marinierter Mango

Marinierte Mangos harmonieren mit dem exotischen Geschmack dieser feinen Creme und machen den Kokospudding zum perfekten Schlusspunkt eines sommerlichen Menüs.

Für 4 Portionen

- 1 kleine weiße Süßkartoffel, 250 g
- 1 Vanilleschote
- 2 Stängel Zitronengras
- 300 ml Kokosmilch
- 50 g Zucker
- Salz
- 3 Eigelb
- 1 Mango
- 1 Limette
- 1 EL brauner Zucker
- 1 EL weißer Rum
- 1 kleines Stück frische Kokosnuss

1. Süßkartoffel schälen und raspeln. Vanilleschote längs halbieren. Zitronengras in Stücke schneiden und etwas anquetschen. Kokosmilch und Zucker in einem Topf aufkochen. Kartoffelraspel, ½ Vanilleschote, Zitronengras und 1 Prise Salz zugeben und alles bei schwacher Hitze 20 Minuten kochen lassen. Vanilleschote und Zitronengras entfernen, Kartoffel-Kokos-Sahne fein pürieren.

2. Eigelbe in einer Schüssel verquirlen, die heiße Kartoffelsahne unter ständigem Rühren auf die Eigelbe gießen. Die Masse über einem Wasserbad eindicken, durch ein Sieb streichen, in Portionsschälchen füllen und abkühlen lassen.

3. Mango vom Kern schneiden, schälen und würfeln. Limette auspressen. Zucker in einem Topf karamellisieren, mit Rum und Limettensaft ablöschen. ½ Vanilleschote zugeben und den heißen Sirup über die Mango gießen. Mindestens 1 Stunde marinieren.

4. Von der Kokosnuss mit dem Sparschäler ein paar Späne abschneiden. Mangowürfel auf dem Pudding anrichten und mit Kokosspänen garnieren.

Gefüllte Süßkartoffelküchlein

Die wunderbar knusprigen Küchlein mit ihrer fruchtigen Füllung sind auf den afrikanischen Inseln des Indischen Ozeans zu Hause. Das exotische Gebäck wird am besten noch warm, frisch aus der Pfanne, gegessen.

Ergibt 8 Küchlein

- 500 g weiße Süßkartoffeln
- 2 EL Zucker
- 1 Eigelb
- 2–3 EL Mehl
- 2 EL zerlassene Butter
- 2 Scheiben frische Ananas
- 100 g Kokosnuss
- 1 EL Rum
- Butterschmalz zum Ausbacken

1. Süßkartoffeln in der Schale in Wasser garen, schälen, gut abkühlen lassen und zerstampfen. Das Püree mit Zucker, Eigelb, Mehl und 2 EL zerlassener Butter zu einem Teig verarbeiten. Den Teig 1 Stunde ruhen lassen.

2. Ananas schälen, den Mittelstrunk entfernen und die Scheiben in feine Würfel schneiden, Kokosnuss dazuraspeln und mit 1 EL Rum vermischen.

3. Jeweils 2 EL Teig zu einer Kugel formen, mit dem Daumen eine Mulde hineindrücken und 1 TL der Kokos-Ananas-Mischung hineingeben. Die Mulde wieder verschließen und die Bällchen flach drücken.

4. Butterschmalz in einer Pfanne erhitzen und die Küchlein darin portionsweise von jeder Seite in 3 Minuten goldbraun braten. Auf Küchenpapier abtropfen lassen.

Süßkartoffelkrapfen mit karamellisierten Äpfeln

Äpfel und Zimt bereichern jedes winterliche Dessert und machen die Süßkartoffelkrapfen zum perfekten Seelentröster für kalte, verregnete Tage.

Für 4 Portionen

- 1 kleine Süßkartoffel, 250 g
- Mark einer ½ Vanilleschote
- Zucker
- Zimt
- 50 g Butter
- Salz
- 50 g Mehl
- 1 Ei
- Butterschmalz zum Frittieren
- 2 mittelgroße Äpfel
- 2 EL brauner Zucker
- 2 EL Calvados
- 100 ml Cidre
- 2 EL Puderzucker

1. Süßkartoffeln in der Schale in Wasser garen, noch heiß pellen, abkühlen lassen und fein zerstampfen. Vanilleschote längs halbieren und das Mark auskratzen. Das Püree mit 2 EL Zucker, Vanillemark und 1 Prise Zimt würzen.

2. 100 ml Wasser mit 30 g Butter und etwas Salz aufkochen, vom Herd ziehen. Das Mehl auf einmal ins Wasser geben und solange rühren, bis sich ein Kloß bildet. Den Topf zurück auf den Herd stellen und den Teig bei mittlerer Hitze unter Rühren „abbrennen" (dabei bildet sich eine weiße Schicht auf dem Topfboden).

3. Teig in eine Schüssel füllen, etwas abkühlen lassen und das Ei mit einem Holzlöffel einarbeiten. Kartoffelpüree untermischen. Mithilfe von zwei Teelöffeln Nocken vom Teig abstechen und diese portionsweise in heißem Butterschmalz goldbraun ausbacken. Die Krapfen auf Küchenpapier abtropfen lassen und warm halten, bis der Teig aufgebraucht ist.

4. Äpfel schälen, Stielansätze und Kerngehäuse entfernen. Äpfel in Scheiben schneiden. Butter und Zucker in einer Pfanne karamellisieren. Apfelscheiben im Karamell schwenken, mit Calvados und Cidre ablöschen und 5–10 Minuten leise kochen lassen. Apfelscheiben mit den Krapfen anrichten. Nach Belieben mit Puderzucker oder Zimtzucker bestreuen.

Süßkartoffeleis

Grüner Kardamom ist nach Safran und Vanille eines der wertvollsten Gewürze und ein wichtiger Bestandteil vieler Gewürzmischungen. Kardamom verfeinert nicht nur pikante Gerichte, Tee und Kaffee, sein zitronig-blumiger Geschmack eignet sich auch für süße Gerichte. Das Süßkartoffeleis ähnelt dem indischen Kulfi, ist wunderbar erfrischend und cremig.

Für 4 Portionen

- 5 grüne Kardamomkapseln
- 500 ml Milch
- 50 g Zucker
- Salz
- 1 mittelgroße weiße Süßkartoffel, 350 g
- 50 g Pistazien
- 150 g Sahne

1. Kardamomkapseln andrücken. Milch, Zucker, 1 Prise Salz und Kardamom in einem Topf aufkochen und im Kühlschrank über Nacht ziehen lassen.

2. Süßkartoffel schälen und auf einer Küchenreibe grob raspeln. Kardamom-Milch durch ein Sieb in einen Topf gießen, Süßkartoffeln zugeben, aufkochen und 20 Minuten leise kochen lassen. Die Kartoffel-Milch-Mischung pürieren, durch ein Sieb streichen und in eine flache Schale füllen. Gut abkühlen lassen und für 2 Stunden ins Gefrierfach stellen.

3. Pistazien hacken. Sahne halb steif schlagen. Eis aus dem Gefrierfach nehmen, mit einer Gabel durchrühren, Sahne und Pistazien unterheben und das Eis zurück ins Gefrierfach stellen. Das Eis stündlich herausnehmen, mit einer Gabel durchrühren und wieder ins Gefrierfach stellen, bis die gewünschte Konsistenz erreicht ist.

Panellets

Was bei uns die Weihnachtsplätzchen sind, sind in Katalonien die Panellets. Das makronenartige Gebäck wird traditionell an Allerheiligen hergestellt, gegessen und verschenkt. Der klassische Teig aus Mandeln, Zucker und Süßkartoffeln lässt sich durch Zugabe von Kaffeepulver, Kokosraspeln oder Nüssen beliebig variieren. Auch bei der Dekoration der kleinen Kalorienbomben sind der Phantasie kaum Grenzen gesetzt. Ob mit Schokolade überzogen, in Kokosraspeln gewälzt oder mit kandierten Früchten verziert, Panellets sind immer ein hübsches Mitbringsel.

Ergibt 30–40 Stück

- 1 kleine weiße Süßkartoffel, 200 g
- 1 Vanilleschote
- 300 g geschälte Mandeln, fein gemahlen
- 200 g feiner Zucker
- 1 Eigelb
- Salz
- 1 TL abgeriebene Zitronenschale
- 50 g Pistazien, fein gemahlen
- 1 Ei
- 100 g Pinienkerne
- 2 EL Puderzucker

1. Süßkartoffeln im Backofen bei 200 °C (Umluft 180 °C) 30–40 Minuten backen, schälen, abkühlen lassen und fein pürieren.

2. Vanilleschote längs aufschlitzen, das Mark auskratzen. Mandeln, Zucker, Kartoffelmasse, Eigelb, 1 Prise Salz und Vanillemark zu einer glatten Masse verkneten. Teigmasse halbieren. Eine Hälfte mit Pistazien und Zitronenschale verkneten.

3. Das Ei verquirlen. Aus beiden Massen mit feuchten Händen 2–3 cm große Kugeln formen. Die weißen Bällchen in Pinienkernen wälzen und mit Ei bestreichen. Alle Panellets auf ein mit Backpapier ausgelegtes Blech setzen und im Backofen bei 170 °C (Umluft 150 °C) 20–30 Minuten backen.

4. Die Panellets vollständig abkühlen lassen, erst dann vorsichtig vom Backpapier lösen und in Pralinenkapseln setzen. Die Pistazien-Panellets mit Puderzucker bestäuben.

Fruchtiges Süßkartoffel-Konfekt

Dulce de Batate oder Dulce de Camote ist eine in Südamerika, Spanien und Portugal verbreitete und beliebte Süßspeise. Die aus Zuckersirup und Süßkartoffelpüree gekochte Masse wird gerne pur als Dessert gegessen, in feine Scheiben geschnitten zu Käse gereicht oder zu Konfekt verarbeitet. Die peruanische Stadt Puebla ist bekannt für ihr liebevoll mit Zuckerguss verziertes Konfekt. Das fruchtige Konfekt ist eine leckere Nascherei und ein schönes Geschenk aus der eigenen Küche.

Ergibt 30–40 Stück

500 g Süßkartoffeln
1 Vanilleschote
250 ml Fruchtsmoothie (z. B. Ananas oder Mango)
350 g brauner Zucker
1 Stück Zitronenschale, unbehandelt
100 g Kokosraspel oder
100 g dunkle Schokolade

1. Süßkartoffeln waschen und im Backofen bei 200 °C 50 Minuten backen, schälen, abkühlen lassen und pürieren.

2. Vanilleschote längs aufschlitzen. Fruchtsmoothie mit 100 ml Wasser, Zucker, Vanilleschote und Zitronenschale aufkochen und bei mittlerer Hitze in mindestens 30 Minuten sirupartig einkochen. Gewürze entfernen und das Süßkartoffelpüree zugeben. Die Masse unter Rühren so lange köcheln, bis ein dicker Brei entsteht.

3. Ein Backblech mit Backpapier auslegen, auch die Ränder. Süßkartoffelbrei hineingeben, so glatt streichen, dass die Masse etwa 1 cm dick ist und über Nacht abkühlen (trocknen) lassen. In 2 cm breite und 5 cm lange Streifen schneiden, diese wahlweise in Kokosraspeln wälzen oder mit Kuvertüre überziehen.

Register

Aus der ligurischen Küche in die Welt

Dieses Buch bietet fast 100 Pesto-Variationen:
von den klassischen *Pestos alla genovese*, *Pesto rosso* und *Salsa verde*
über Rezepte mit Kräutern, Gemüsen und Nüssen bis zu asiatisch verfeinertem
Pesto und dem verführerischen süßen Pesto zum Dessert.

Ria Lottermoser
Tutto Pesto
Einfach, vielseitig, variantenreich – und unglaublich gut
80 Seiten mit vielen Farbfotos
Laminierter Pappband
Format 19 x 19 cm
ISBN 978-3-99011-008-9

»Liebhaber der italienischen Küche finden in diesem Kochbuch alles, was das Herz begehrt. 91 echte Hochgenüsse.«
Das Beste für die Frau

EDITION STYRIA

Süßkartoffel-Fenchel-Suppe

Fenchel stammt ursprünglich aus Vorderasien und dem Mittelmeerraum und ist eine der ältesten Kultur- und Heilpflanzen. Er hat einen unverwechselbaren anisartigen Geschmack. Aus der aromatischen Süßkartoffel-Fenchel-Suppe wird durch Zugabe von gegarten Muscheln oder gedünstetem Fisch schnell ein sättigender Eintopf.

Für 4 Portionen

- 500 g Süßkartoffeln
- 1 Fenchelknolle
- 1 große Zwiebel
- 2 Knoblauchzehen
- ½ unbehandelte Orange
- 2 EL Olivenöl
- 1 EL Tomatenmark
- 200 ml Weißwein
- 700 ml Gemüsefond
- 2 Zweige Thymian
- 4 Tomaten
- Salz, Pfeffer

1. Süßkartoffeln schälen und in 2 cm große Würfel schneiden. Fenchel putzen, Fenchelgrün beiseite legen, die Knolle halbieren und in schmale Streifen schneiden. Zwiebel und Knoblauch abziehen und in feine Scheiben schneiden. Von der Orange mit dem Sparschäler 2 Streifen Schale abschneiden, die Orange auspressen.

2. Zwiebel und Knoblauch in 2 EL Olivenöl glasig anschwitzen, Fenchel und Tomatenmark zugeben, 2 Minuten mit anschwitzen und Weißwein dazugießen. Wenn die Flüssigkeit fast verdampft ist, den Fond angießen, Kartoffeln, Thymian und Orangenschale zugeben und alles bei mittlerer Hitze etwa 20 Minuten leise kochen lassen, bis die Kartoffeln gar sind.

3. Tomaten kreuzweise einritzen, mit heißem Wasser überbrühen, abschrecken und abziehen. Tomaten vierteln, Stielansätze und Kerne entfernen. Thymian und Orangenschale aus der Suppe nehmen, Tomatenviertel in der Suppe erhitzen, mit Salz, Pfeffer und Orangensaft würzen. Die Suppe auf Tellern anrichten. Mit gehacktem Fenchelgrün garnieren.